成都师范学院学术专著出版基金资助

我国农村承包地流转机制创新研究

Research on the Innovation Mechanism of China's Rural Contracted Land Transferring

黄伟　著

西南财经大学出版社
Southwestern University of Finance & Economics Press
中国·成都

图书在版编目(CIP)数据

我国农村承包地流转机制创新研究/黄伟著.—成都:西南财经大学出版社,2017.12
ISBN 978-7-5504-3321-2

Ⅰ.①我… Ⅱ.①黄… Ⅲ.①农村—土地流转—研究—中国
Ⅳ.①F321.1

中国版本图书馆 CIP 数据核字(2017)第 306529 号

我国农村承包地流转机制创新研究

WOGUO NONGCUN CHENGBAODI LIUZHUAN JIZHI CHUANGXIN YANJIU

黄伟 著

责任编辑:高玲
责任校对:田园
封面设计:杨红鹰 张姗姗
责任印制:封俊川

出版发行	西南财经大学出版社(四川省成都市光华村街 55 号)
网 址	http://www.bookcj.com
电子邮件	bookcj@foxmail.com
邮政编码	610074
电 话	028-87353785 87352368
照 排	四川胜翔数码印务设计有限公司
印 刷	郫县犀浦印刷厂
成品尺寸	170mm×240mm
印 张	9.75
字 数	175 千字
版 次	2017 年 12 月第 1 版
印 次	2017 年 12 月第 1 次印刷
书 号	ISBN 978-7-5504-3321-2
定 价	38.00 元

内容摘要

英国古典政治经济学家威廉·配第曾说过："土地是财富之母，劳动是财富之父。"在社会生产过程中，土地无疑是最重要的要因。没有土地，劳动力、资本和科学技术等将失去立足之处。皮之不存，毛将焉附？创造财富也将无从谈起。在我国已确定市场经济体制改革的目标下，土地作为最重要的生产资源，必须通过市场机制进行有效的配置，才能发挥最大的作用。同时，土地资源又具有特殊性，特别是农村承包地，其担负着生产、粮食安全、社会保障和农业文化传承功能，单纯地依靠市场机制无法摆脱流转中对经济效益最大化的追逐。而且，在我国处于强权地位的所有者"集体组织"与农民利益之间又会存在不一致，农村承包地流转中农民"被自愿"时有发生。于是，在流转中的"非农化"和"非粮化"屡禁不绝，农民权益无法得到充分保障。这些在阻碍农村承包地流转的同时，也有悖于国家粮食安全的目标。

基于此，本书把农村承包地流转中"机制创新"作为研究的主线，以农村承包地流转的产权理论、市场理论、使用弱势理论和国家粮食安全作为理论基础，以当前农村承包地流转的实践及其考量作为逻辑起点，对流转中的市场、动力、风险与规避及相关配套机制进行研究，并借鉴、汲取各地农村承包地流转的实践经验，以构建健康、有序的农村承包地流转机制。全书力图通过理论与实践的结合，进行归纳与总结、抽象与概括，以期能进行理论上的创新，并指导实践。

本书共四部分7章。主要内容结构如下：

第一部分，是第1章"绪论"。本部分内容主要说明本书的选题背景、研究概念界定、研究意义、国内外相关研究文献综述、研究思路、研究方法与结构安排以及主要创新与不足之处等内容。这部分是问题的提出。

第二部分，是第2章"农村承包地流转机制创新的理论基础与框架"。首先，从市场机制运行中的产权结构来阐述农村承包经营权束，这是农村承包地流转采取市场机制的必要前提。其次，对农村承包地流转机制中的供求机制、价格机制和竞争机制进行分析，探析这些机制发生作用的机理及它们之间的相互联系与制约关系。最后，从农村承包地流转市场机制管理与规范的目标上论述农村承包地使用弱势理论和国家粮食安全战略。在市场机制运行中，国家进行宏观调控与管理是不可缺少的重要环节，也是市场良性运行的关键。

第三部分，是第3章“农村承包地流转的实践及其考量”。本部分内容包括：①从农业经营规模的扩大、农村剩余劳力转移和二、三产业的发展和村干部的作用上分析农村承包地流转的诱因。②对农村承包地流转的现状从流转模式、流转规模、流转速度和流转去向上进行透视，找出农村承包地流转目前所处的层面，并对总体态势进行判断。③概括农村承包地流转中的困境，并从动力机制缺乏、市场要素不健全、流转风险积聚以及相关配套制度的缺失来分析市场机制运行不畅的原因。

第四部分，是第4、5、6、7章。这四章是在问题提出、理论基础、流转实践和流转不畅等分析的基础上，分别从动力激活、市场健全、风险规避和配套制度完善四个方面来论述我国农村承包地流转机制创新。

农村承包地流转机制创新之一：激活农村承包地流转中的动力。本部分内容首先对农村承包地流转中动力的内涵与构成进行阐述。根据动力作用来源不同，把动力区分为内源性动力和外生性动力两种。其次，从内在动力和外在动力上剖析了动力的影响因素。最后，从以下方面来激活农村承包地流转的动力机制：优化产业结构，大力发展二、三产业；加快小城镇建设，为承包地完全流转农户提供良好的居住环境；强化基础教育，发展职业技能培训；夯实农业农村发展基础，转变农业发展方式。

农村承包地流转机制创新之二：健全农村承包地流转中的市场机制。该部分内容主要论述市场在资源配置中的基础作用，以使农村承包地能按照市场规律的要求流转；并从现代农业发展的规模化、产业化和市场化要求，以及市场机制中主体权能的赋予与客体“物”的具备上对农村承包地流转中的价格机制、供求机制和竞争机制进行分析，其中重点研究的是价格机制。在价格机制中从农村承包地流转中的地租着手，通过对地租影响因素分析，流转年期的合理确定，以及在汲取各地流转中租金计算的基础上，对流转租金模型进行修正。

农村承包地流转机制创新之三：规避农村承包地流转中的风险。本章内容首先从国家粮食安全的角度、承包方和受让方损失和收益的角度对农村承包地流转中的政策风险、市场风险、经营风险和信用风险等进行归类，并分析这些风险形成的内在机理。然后从以下方面规避农村承包地流转中的风险：保持政策稳定性，制定农村承包地流转法律；加大农业保险的领域，拓展保险的覆盖面；培养现代化农业经营管理人才。

农村承包地流转机制创新之四：完善农村承包地流转中的相关配套制度。这部分内容把农村承包地流转中相关配套制度简括为“一体两翼”。首先，对“一体两翼”内涵进行界定，并分析“一体”与“两翼”的辩证统一关系。其次，从流转农户福祉的视角，论述农村承包地流转中对农民权益的保障，并对当前盛行的“三放弃”模式进行评析。再次，从农村承包地法律保护与用途保护上来论述承包地保护是承包经营权和耕地保护的复合体，同时针对耕地保护政策实施中的变异，提出了承包地保护的路径选择。最后，从农村承包地交易中心的设立与功能、农村土地估价机构的完善、农村承包地流转中法律服务的补白和新型农村金融的构建上来论述如何培育农村承包地流转中的中介组织。

本书力图在借鉴前人成果的基础上，围绕着“激活动力、培育市场、积极引导、完善配套”四个环节来进行机制创新。“激活动力”，是针对农村承包地流转中动力机制缺乏，从流转中内外动力的激活视角，来创新流转的动力机制。“培育市场”，是从承包地流转健康运行所需市场的视角，对流转中所需的市场机制来进行研究。“积极引导”，是突出农村承包地流转中政府的作用，即在农村承包地流转中，政府不是无为，而应是大有作为；政府官员，特别是基层官员应该转变观念，把管理变成服务，为农村承包地流转做好相关的服务工作，并进行积极引导、服务与监督，使流转按照国家提出的协商、依法、自愿与有偿原则和“三个不得”有序进行。在本书中，“积极引导”没有作为一个单独的部分进行论述，而是贯穿到“激活动力”“培育市场”和“完善配套”之中。在某种意义上，“积极引导”的过程又是对进行农村承包地流转全方位服务的过程。“完善配套”主要是从农村承包地流转所需的外部环境的视角来分析。农村承包地的合理、健康和有序流转需要一个良好的外部环境。这种环境包括：土地流转中心、土地评估中心和法律咨询中心的建立，农村社会保障的全面铺开，以及进城务工人员在城市住房和子女教育上的改善等。本书从相关配套机制完善上进行创新研究。

关键词：农村承包地；动力激活；市场培育；风险规避；配套制度

Abstract

"The land is the mother of the wealth, the labor is the father of the wealth," William Petty of British classical political economist had said. Undoubtedly, land is the most important elements in social production process. If there have not land, labor, capital and science technique will lose its foothold, "without skin, which have hair", the wealth creating will become impossible. In order to make its maximum effect, the land as the most important production resources, it is necessary to through market mechanism effectively configuration, in which our country has confirmed that the goal of the reform of market economic system. Meanwhile, land resources has particularity, especially rural contracted, its bearing production, food security, social security and agricultural culture inheritance function, simply rely on market mechanism cannot get rid of economic benefit maximization move in the chase. Moreover, there will exist inconformity interests between the power status of owner "collective organization" and the farmers. In the contracted land transferring of our rural areas, "be voluntary" happened from time to tome. Then, "non-agriculture" and "non-food " prohibiting but still happening, the farmer rights cannot fully guaranteed, which not only hamper the contracted land transferring of our rural areas, at the same time, but also contrary to the national food security objectives.

Based on this, the dissertation put the rural contracted land transferring "mechanism innovation" as the thread of study, and property rights, market, use weak and the national food security as theory. With the current rural contracted land transferring in practice and its considerations as a logical starting point, also researching on the market transfering mechanism, dynamic mechanism, risk avoidaning mechanism and related perfection supporting mechanism. And in the study reference absorbing rural contracted land transferring around the experience, in order to build a healthy and harmonious mechanism innovation policy path of rural contracted land transferring. The paper has four parts, seven chapters, the main content structure is as follows:

The first part, is 1 introduction. This section is the main content in this paper to choose a background, research concept definition, research significance, the domestic and foreign relevant research literature review, thoughts, research method and the structure arrangement, as well as main innovation and shortcomings, etc. This puts forward the problems of dissertation.

The second part, is 2 rural contracted land transferring mechanism innovation of theoretical basis and analysis framework. Firstly, from the market mechanism in the operation of the property right structure, expounded the rural contracted management of rural contracted land bundle, which is necessary to take market mechanism of circulation of premise. Secondly, the rural contracted land transferring mechanism of supply-demand mechanism, price mechanism and competition mechanism, analyzeing these mechanisms occurrence function. they are market mechanism of sections, mutual connections between them with restraint, which was composed of market mechanism. Once again, from rural contracted land transferring market mechanism of management and regulating target to discussed that rural contracted land use weak theory and the national food security strategy. It is indispensable important segment in the market mechanism operation and the national macro regulation and management, also is the key of market benign operating.

The third part is 3 rural contracted land transferring practice and considerations. This section includes: The first, the paper analyzed the triggers of rural contracted land transferring from agricultural management with the expansion of the scale of rural surplus labor transfer, second and third industry and the development of village cadres' role. Secondary, seen through the present situation of rural contracted land transferring from transferring patterns and scale, the transferring speed and marketization classy aspects of perspective, and find out the rural contracted land transferring current place level. Thirdly summarized the dilemmas of rural contracted land transferring, and analyzed the market mechanism reasons of lack of operation impeded from lack of motivation mechanism, imperfectly market factors, the transferring of risk accumulation and relative systems.

The fourth part, it is 4, 5, 6, 7 chapters. These four chapter based on the question, theoretical foundation and transferring practice and unsmooth flowing analysis, respectively, from the power of activation, market mechanism of sound, risk evasion and supporting system consummation four aspects discussed our country rural contracted land transferring mechanism innovation.

Rural contracted land transferring mechanism innovation of one: activated power of rural contracted land transferring. Firstly, this part discussed the power connotation and constitute of the rural contracted land transferring. According to different of the dynamic force of the power source differentiated endogenous motivation and exogenous power. Then, from the inner motive and external power analyed dynamic factors. Once again, from optimizating of industrial structure, developing the second and third industries, accelerating small town construction, providing good living environment for complete the contracted land transferring farmers, strengthening basic education, training vocational skills, solidifing rural development foundation, and changing the agricultural development mode activated the motivation mechanism of rural contracted land transferring.

Rural contracted land transferring mechanism innovation of two: perfecting market mechanism of rural contracted land transferring. The main content of this part used the basic role of the market in resource allocation, In order to make rural contracted land can in accordance with market rules requirements transferring. And analyzed from the modern agricultural development scale, industrialization and marketization requirements, as well as the main body of market mechanism of power, object endowed with angle to the transferring of rural contracted land price mechanism, supply-demand mechanism and competition mechanism, in which the key research was the price mechanism. In the price mechanism, researching start from the land rent, through analyzing the influential factors, transferring time reasonable determination and move in rent around while drawing on the basis of the calculation model, and rent amended.

Rural contracted land transferring mechanism innovation of three: evade the risks in rural contracted land transferring. This chapter content from the first national grain safety standpoint, the contractor and transferee losses and gains from the angle of the transferring of rural contracted land policy risk, market risk, management risk and credit risk analysis, and categorize mechanism of these risks. Then from keeping the stability of the policy, formulate rural contracted land transferring laws, increasing agricultural insurance field, expand coverage, and developing modern agriculture operation management talent up evade the risks.

Rural contracted land transferring mechanism innovation of four: perfecting the relative systems in rural contracted land transferring. This part of the circulation of rural contracted land relative systems summarized as "a body, two wings". First of all, to "one body, two wings" intension define, and analyzing the "a body" and "the two wings" dialectical unity. Then, from the angle of transferring peasant household welfare discussed on farmers' rights safeguard, At the same time to the current prevalent "three give up" mode are also elucidated. Once again, from rural contracted land legal protection and utilization and conservation up discussed the contracted land protection is the compound of cultivated land protection, considered the variation of cultivated land protection policy implementation, puts forward the contracted land protection route choice. The fourth, from rural contracted trading center of the establishment and function, the perfection of rural land appraisal organizations, rural contracted move in legal services to the filler and the construction of new rural financial up discussed how to cultivate intermediary organizations of rural contracted land transferring.

This dissertation tried hard from the results on the basis of previous person, arounding "activating the power, the cultivation of market, actively guide, perfect supporting" four links to mechanism innovation. In view of rural contracted move in dynamic mechanism, "Activating power", this article from the transferring of the lack of internal and external force angle, to activate the motivation mechanism of innovative transferring. "The cultivation of market", was research from contracted land transferring healthly required for the operation of the market, which was needed in the market mechanism to carry on. "Actively guide", was prominent the role of government in rural contracted land transferring. The government is not inaction, but should be a promising. Government officials, especially grassroots officials should change the idea, take management into service, for the rural contracted land transferring keep relevant service work, and actively guide, service and supervision system, in accordance with state proposed principle and "three not" to orderly. In this paper "actively guide" not as a single part to discussion, but through to activate the power, the cultivation of market and complete set in. In some sense, and actively guide of the process was also for rural contracted transferring all-round service process. "Complete set system" was mainly from rural contracted transferring needed the external environment of rural contracted come up analysis. The reasonable, healthy and orderly circulation needs a good external environment. This kind of environment included land circulation center organization, land evaluation center, the legal consultation center, the rural social security system and processes in urban migrant workers housing, education and various security system, etc. This article research from the angle of mechanism perfection of these supporting mechanism of innovative.

Key words: Contracted land in rural areas; Motive activate; Market growing; Risk avoidancing; Supporting system

目　录

1　绪论 / 1

1.1　选题背景与意义 / 1

1.1.1　选题背景 / 1

1.1.2　选题意义 / 4

1.2　研究对象与相关概念界定 / 8

1.2.1　研究对象 / 8

1.2.2　相关概念界定 / 8

1.3　国内外相关研究综述 / 11

1.3.1　国外相关研究 / 11

1.3.2　国内相关研究 / 14

1.4　研究思路、方法与结构安排 / 18

1.4.1　研究思路 / 18

1.4.2　研究方法 / 18

1.4.3　结构安排 / 19

1.5　主要创新与不足 / 22

1.5.1　主要创新 / 22

1.5.2　不足之处 / 23

2　农村承包地流转机制创新的理论基础与框架 / 24

2.1　农村承包地产权理论 / 24

2.1.1　产权理论与模糊产权 / 24

2.1.2　农村承包地产权及其模糊化 / 26

2.2　农村承包地流转的市场理论 / 31

2.2.1 市场理论的基本要义 / 31
2.2.2 农村承包地流转市场 / 32
2.3 农村承包地使用弱势理论 / 34
2.3.1 农村承包地使用弱势的内涵 / 34
2.3.2 农村承包地使用弱势的成因 / 34
2.4 农村承包地流转与粮食安全理论 / 36
2.4.1 粮食生产与耕地利用 / 36
2.4.2 粮食安全理论 / 39
2.5 农村承包地流转机制创新的理论框架 / 40
3 农村承包地流转的实践及其考量 / 42
3.1 农村承包地流转的诱因 / 42
3.1.1 农业经营规模的扩大 / 42
3.1.2 二、三产业发展与农村剩余劳动力转移 / 43
3.1.3 城乡统筹的发展 / 44
3.2 农村承包地流转的现状 / 45
3.2.1 农村承包地流转的模式与差异 / 46
3.2.2 农村承包地流转的规模与速度 / 49
3.2.3 农村承包地流转的方式与规范 / 50
3.2.4 农村承包地流转去向与总体判断 / 52
3.3 农村承包地流转中存在的问题 / 53
3.3.1 农村承包地流转市场机制不健全 / 53
3.3.2 农村承包地流转偏离预设的轨道 / 53
3.3.3 农村承包地流转限于低层面重复 / 54
3.3.4 农村承包地保护机制欠缺 / 55
3.3.5 农村承包地流转中动力机制缺乏 / 55
3.4 农村承包地流转机制运行不畅的原因剖析 / 57
3.4.1 农村承包地流转中动力不足 / 58
3.4.2 农村承包地流转中市场权能不完备 / 59
3.4.3 农村承包地流转中市场机制运行不畅 / 63
3.4.4 农村承包地保护的监督制度不健全 / 64

3.4.5 农村承包地流转相关配套服务不完善 / 65
4 激活农村承包地流转的动力 / 66
4.1 农村承包地流转中动力机制的内涵与构成 / 66
4.1.1 农村承包地流转中动力机制的内涵 / 66
4.1.2 农村承包地流转中动力机制的构成 / 66
4.2 影响农村承包地流转动力的因素 / 67
4.2.1 影响农村承包地流转的内在动力 / 67
4.2.2 影响农村承包地流转的外在动力 / 73
4.3 激活农村承包地流转的动力 / 74
4.3.1 优化产业结构 大力发展二、三产业 / 75
4.3.2 加快小城镇建设 改善农民的居住环境 / 76
4.3.3 夯实农业发展基础 转变农业发展方式 / 76
4.3.4 强化基础教育 加快职业技能培训 / 77
5 健全农村承包地流转中的市场机制 / 79
5.1 农村承包地流转中的价格机制 / 79
5.1.1 农村承包地流转中的地租 / 80
5.1.2 影响农村承包地地租的因素 / 82
5.1.3 农村承包地流转租金及模型修正 / 83
5.1.4 农村承包地流转年期的合理确定 / 88
5.2 农村承包地流转中的供求与竞争机制 / 90
5.2.1 农村承包地流转中的供求机制 / 90
5.2.2 农村承包地流转中的竞争机制 / 91
5.3 健全农村承包地流转的市场机制 / 92
5.3.1 塑造农村承包地流转的主体 / 93
5.3.2 界清农村承包地流转中的客体 / 95
5.3.3 限制农村承包地流转中的受让方 / 95
6 规避农村承包地流转中的风险 / 97
6.1 农村承包地流转中的风险及其成因 / 97
6.1.1 农村承包地流转中国家面临的风险与成因 / 97
6.1.2 农村承包地流转中任一方面临的风险与成因 / 99

6.1.3　农村承包地流转中承包方面临的风险与成因 / 101
6.1.4　农村承包地流转中受让方面临的风险与成因 / 102
6.2　农村承包地流转中的风险规避 / 103
6.2.1　加大农业保护 加强对土地流转的管理 / 103
6.2.2　制定和修改相应法律 保持政策的连续性和稳定性 / 105
6.2.3　拓展农业保险覆盖面 扩大保险领域 / 105
6.2.4　培育现代农业经营管理人才 / 106
7　完善农村承包地流转中相关配套制度 / 108
7.1　农村承包地流转中的“一体两翼”配套制度内涵 / 108
7.1.1　农村承包地流转配套制度中“一体”的内涵 / 108
7.1.2　农村承包地流转配套制度中“两翼”的内涵 / 109
7.1.3　“一体两翼”配套制度的辩证与统一 / 110
7.2　农村承包地流转中对农民权益的保障 / 110
7.2.1　各地农村承包地流转中对农民权益保障的探索 / 110
7.2.2　部分流转与完全退出流转所涉及权益的差异 / 113
7.2.3　对农村承包地流转中“承包地换社保”模式的评析 / 114
7.2.4　农村承包地流转中保护农民权益的政策建议 / 115
7.3　完善“承包地保护”政策 / 117
7.3.1　承包地保护——承包经营权与耕地保护的复合体 / 117
7.3.2　“严格的耕地保护制度”实施中的异化 / 117
7.3.3　农村承包地保护的路径选择 / 119
7.4　培育农村承包地流转中的服务中介组织 / 123
7.4.1　农村承包地使用权交易中心的性质 / 124
7.4.2　农村承包地使用权交易中心的功能 / 124
7.4.3　农村承包地使用权交易中心的业务 / 125
7.4.4　构建农村承包地流转的有形市场与无形市场 / 125
8　结语 / 127
参考文献 / 129
附录 / 135

1 绪论

1.1 选题背景与意义

农村承包地不仅是农民最基本的生产资料，而且是最基本的生活保障。[①] 自20世纪80年代以来，随着二、三产业的发展，农业机械化水平的提高和农村劳动力逐渐向城市转移，农村承包地流转趋势逐渐加快。但是，我国农村承包地流转同经济改革一样，都是从诱致性开始，致使农村承包地流转中存在着一系列的问题，如流转市场机制没有发挥、农民流转意愿和行为不强、流转动力不足、农民合法权益不能有效保障、相关的配套服务跟不上等。这些问题都影响着农村承包地健康、有序地流转。

1.1.1 选题背景

中国经济发展中面临诸多困惑，如应选择什么样的发展模式？应如何满足"居者有其屋"？怎样才能解决居民的看病难问题？如何解决社会的公平和正义？笔者没有选择这些课题，而是选择了与"三农"问题最为相关的农村承包地流转机制作为研究对象，是基于以下几个方面的背景：

1. 发展现代农业需要生产要素达到优化配置

我国农村实行家庭联产承包责任制初期，充分调动了农民的生产积极性，对改革后农业的发展起到了重要作用，其对经济的贡献率达46.89%，相当于全部要素投入贡献的总和。[②] 农业单产与总量都得到极大提高。但随着时间的推移，一家一户的小农经营模式显露出其自身无法克服的弊端：农业基础设施

---

① 杜受祜，刘世庆. 社会主义市场经济体制的建设［M］. 成都：四川人民出版社，2001：198.

② 侯风云. 我国农村体制改革的成就、问题与对策［J］. 管理现代化，1997（6）：32.

薄弱、粮食产量增加难度加大、农产品市场竞争力不强。这些表明，粗放经营的小农耕作方式已无法适应现代市场经济的需要，应按市场规律发展现代农业。现代农业是建立在农药和化学肥料的发明与使用、新型农业机械的推广与应用、生物科技的研发和杂交优势基础之上的；以先进的工业技术武装农业，采取区域化布局、专业化生产及集约化经营，能够显著地提高土地利用率和劳动生产率。

正如日本土地学者野口悠纪雄所认为的那样，土地问题即使从宏观经济上的资源配置来看，也是一个极大的问题。① 承包地是农村土地的主体，在农业生产要素中处于关键的地位。农业所需的其他条件，如果离开土地这个最基本的生产要素都是枉然，现代农业的发展当然也不例外。但是，家庭经营的零散小块土地不利于大型农业机械的使用，无法使农业生产达到规模效应，也无法满足专业化生产的要求。如果农村承包地要满足现代农业发展的要求，就要把家庭小块零散经营的土地向区域合理布局、产业科学规划、使用现代农业机械和现代生物农业进行生产的方向转变，这就必然需要进行农村承包地流转。

2. 保障农民权益需要在承包地流转中得以深化

由于农村承包地经营使用权能带来收益，从某种意义上其也是农民基本的财产权。在取消农业税和国家对农业采取粮食补贴和农业综合补贴后，虽然农民种田获得的收益还不能和外出务工收入相比，但种地对农民来说已不再是一个累赘，已经从以前的不赚钱到微利可图。当农民在城市无法找到就业门路时，拥有自己的承包地，仍可回家种田，这就使其有了稳固的“根据地”。据国家统计局公布的数据：2009 年，全国农民工总量为 2.3 亿人。这些农民工能在城市定居的还很少，大多数还是采取候鸟式的迁移方式，哪里有挣钱的机会就到哪里去，等年老或遇到经济不景气时就返乡种地。

农民权益是由一系列权利束构成的，涵盖农民的财产权、生存权和发展权等各个方面。这些权益中最基本的包括农民土地承包经营权、医疗保险、养老保险、教育培训以及在城市务工农民和城市居民享有同等的社会保障、社会事务管理和政治参与权利等。农村承包地流转中保护农民权益，是使土地顺利流转的必然要求和前提条件。特别是在土地承包经营权市场化流转的过程中，不仅要尊重农民的意愿和选择，还要进一步细化农地合理流转的相应调控措施，避免出现“新失地农民”的社会风险。② 然而，近年来我国农村承包地流转中

---

① 野口悠纪雄. 土地经济学［M］. 王斌，译. 北京：商务印书馆，1997：12.

② 杨继瑞. 正确处理农村土地流转中的十大关系［J］. 马克思主义研究，2010（5）：36-46.

不规范现象增多。据调查，由土地问题引起的社会冲突约占近几年农村全部群体性事件的65%，60%以上的农民上访和土地有关。仅在2007年，全国各地共查处与纠正的对农民土地权益损害的问题就多达2.1万多个。农民土地权益无法保障已成为制约社会和谐、影响生产发展的重要因素。①

3. 建设新农村需要承包地流转同步推进

我国农村整体居住环境较差，有些地方既缺乏现代化的道路设施，又缺少必备的医疗、休闲等公共服务；农村居民饮水不安全，垃圾随处乱倒，缺少处理，以及有些地方原始散居村落等依然存在。这些成为农村生活现代化的一大障碍。

要改变农村环境、改善农民生活，新农村建设应是今后农村发展的主要方向。新农村建设包括政治、经济、文化和社会等方面，并把实现经济繁荣、环境优美、设施完善、文明和谐作为目标。在政府的积极引导下，可以利用农村承包地流转的契机，加快农村居住区的重新布局，把传统的自然散居村落转变为符合时代发展和新农村要求的新型社区，并与土地的规模化经营同步，加大对农村基础设施的建设力度。新农村建设需要居民集中定居和土地整理，这就要找到一个突破口和切入点，而农村承包地流转无疑就是突破口的首选。

4. 确保国家粮食安全需要承包地在流转中进行有效的保护

“民以食为天，食以粮为先”，粮食的重要性不言而喻。2008年上半年发生的世界性粮食危机，波及范围广、影响程度深、持续时间长，使占世界50%以上的人口受到牵连，无论是粮食主产国、还是缺粮国都受到了不同程度的影响，致使一些国家产生社会骚乱。国际货币基金组织（IMF）和联合国粮食及农业组织（FAO）等国际机构宣布世界上30多个国家面临饥荒，有许多人面临死亡的威胁；国际粮食基金会和联合国粮食计划署宣布能用于援助饥荒国家的资金也面临耗竭的危机；在粮食危机最严重的海地，总理因此被迫离职。在保证本国粮食供应和维持较低粮食价格的强大压力下，十多个传统的粮食出口国（主要是收入低的大米出口国，包括中国）普遍限制甚至禁止粮食出口，而这又进一步推高了世界粮食价格。② 我国中央政府在吸取1949年以来粮食短缺的教训上，已把粮食问题不仅仅看成经济问题，还看成社会问题和政治问题，未雨绸缪，建立了相对完备的粮食储备体系，才在这场危机中安然无恙。

---

① 李钢. 农村承包地流转与农民权益保护的制度安排［J］. 财经科学，2009（3）：85-86.

② 钟甫宁. 世界粮食危机引发的思考［J］. 农业经济问题，2009（4）：4.

农村承包地在维系国家粮食安全上无疑具有无可替代的地位。而承包地流转中的“非农化”和“非粮化”会侵蚀国家粮食安全，甚至会影响到整个国家的经济安全和社会稳定。美国著名土地经济学家伊利和莫尔豪斯认为在都市人口和粮食之间保持一种健全的平衡，乃是稳定和进步的国民经济的重要因素。现在农村人口中某些阶层正在遭受经济的困难，面且一般的政治演说家们都在宣扬这一口号：“一个国家不能生存在一半繁荣一半困苦的状态中。”① 但是，对于这样一个显而易见的道理，有些人却置若罔闻。在2008年度我国国土资源卫星监测执法的检查中，监测时段从2007年10月至2008年10月，一年间共监测了172个城市、689个片区。数据显示，监测城市总共有违法违规用地25.9万亩（1亩≈666.67平方米）；尽管违法违规占用耕地从上一监测年度的12.63万亩下降为10.3万亩，下降为监测年度的18.45%，但形势依然不容乐观。原国土资源部部长徐绍史强调，违法违规用地现象依然问题严重，没有得到有效遏制。而且部分城市违法违规用地居高不下，有些重点工程未报即用问题突出，一些城市违法违规用地不降反升。② 这些案件中不乏承包地，也不乏打着开发现代农业口号进行“非农化”流转的现象，如果还听之任之，任由流转中其使用性质改变，将使保障国家粮食安全成为一句空话。

1.1.2 选题意义

我国是一个农业大国，农民是人口的主要构成部分。农业、农村和农民历来都是一个非常重要的问题，而在“三农”问题中，核心的问题又是农村承包地问题。承包地涉及农村的千家万户，关联着每个农民的切身利益。2008年10月召开的中国共产党十七届三中全会通过的《中共中央关于推进农村改革发展若干重大问题的决定》，允许农民以多种形式流转其承包经营权，并作为农村工作的重点任务来抓。因此，在推进农村承包地经营权流转已成为当前和今后我国农村工作的重要抓手之时，研究其流转机制创新具有重要的实践和理论意义。

1. 实践意义

（1）有利于促进我国农村承包地规范与健康地流转

到20世纪80年代中期，农村家庭联产承包制已全面确立。伴随着农民生

---

① 伊利，莫尔豪斯．土地经济学原理［M］．滕维藻，译．北京：商务印书馆，1982：97．

② 刘展超．国土部约谈八城市预警违规违法用地［N］．第一财经日报，2009-07-23（A03）．

产劳动积极性的提高，农村中一些解放出来的劳动力开始到城市寻找发展的空间。为了不使土地荒芜，完成国家的公粮和税费，农村承包地开始流转，但那时主要以代耕方式居多。随着城镇化和工业化进一步发展，到了 20 世纪 90 年代，进城务工的农民逐渐增多，并成为中国社会经济中一道独特的风景。这样，农村承包地流转速度加快，规模加大，也出现了互换、出让、出租和股份合作等多种形式。

但是，当前我国农村承包地流转以处在自发状态的居多。根据笔者的调查、流转中不订合同、对流转租金不讨价还价、村委会对承包地流转不闻不问、流转方不到村集体备案、乡镇农村承包地流转管理机构不健全、信息不对称、缺乏流转的平台、转变承包地所有权性质以及改变农业用途和种粮用途的现象屡屡发生。通过对农村承包地流转机制创新的研究，可以促使农村承包地流转从自发向自觉转变，在发挥市场机制作用的同时，加强对承包地流转的指导与监察，推进其健康与规范地流转。

（2）有利于为农村可持续发展提供长效的动力机制

中华人民共和国成立以来，农业的每一次发展，国民经济的每一次繁荣，都与农村土地制度改革密不可分。我国现行的农村家庭联产承包制形成的两权分离、家庭经营的格局，在实施初期，曾经极大地释放了农村的生产力，促进了农村经济的发展。但现在家庭联产承包责任制也面临诸多问题，如在农村产业结构调整中小农经营模式的固化，农民土地使用权随意被剥夺，集体所有中“集体”概念模糊，致使农民收入增长缓慢等。而农村这些问题的关键都围绕着承包地，推进承包地规范流转可以成为破解这些问题的着力点。

通过对农村承包地流转机制创新研究，可以推动承包地有序健康地流转、促进生产要素的合理流动、使农村的土地资源得到优化配置、为现代农业发展奠定条件、为新农村建设提供契机、为粮食增产提供支撑，从而为农村经济、社会可持续发展提供有效的动力机制。

（3）有利于推动我国整体经济的良性发展

2003 年下半年开始的我国第六次宏观调控，重点是针对房地产和产能过剩、环境污染严重的产业，以及信贷投放过大、投资增长过快、外贸顺差过大等近些年来困扰我国经济发展较为突出的问题。[①] 调控以来，在拉动经济增长的三驾马车中，投资和外贸仍然增长较快。如以 2008 年为例，全社会固定资产投资 172 291 亿元，比上年增长了 25.5%。虽然受世界经济危机影响，但进

---

① 龚宇. 第六次宏观调控思考 [J]. 合作经济与科技，2007 (21)：18.

出口都有较快增长，全年货物进出口总额为25 616亿美元，同上年相比增长17.8%。其中，货物出口14 285亿美元，同比增长17.2%；货物进口11 331亿美元，同比增长18.5%。① 投资的过快增长已引起结构性生产过剩；出口贸易顺差过大容易引起国际争端，致使美国、欧盟等西方国家和地区不断地对我国进行出口制裁。在这种情况下，扩大内需特别是开启农村消费市场，缓解因经济危机而带来的产能过剩，具有重要意义。

我国消费需求不旺，主要表现在农村消费需求上。对于在城市一般家庭已普及的空调、冰箱、彩电和洗衣机等，大多数农村居民还很难购买得起，或者是买得起而消费不起。这与农民收入增长缓慢、农村经济落后有关。通过对农村承包地流转机制创新的研究，可以促进农村承包地通过流转走向规模化、市场化和产业化，为农民增收、农业发展提供新的契机，促进农村消费，为出口不畅的工业品找到市场，从而推动整个经济的发展。

（4）有利于推进构建和谐社会的进程

进入21世纪后，中国的城市化和工业化快速推进，城市化水平由1978年的17.9%上升到2004年的41.8%，与此同时，大量农村土地通过各种征用转为非农业用地，全国先后出现了“开发区热”“房地产热”，由此导致了大规模的“圈地运动”。仅2004上半年全国共发现土地违法行为4.69万件，立案查处土地违法案件3.39万起，清还农民征地补偿欠款87.4亿元。大范围的违法占地不仅造成了国有土地资源的巨大浪费，使可持续发展受到威胁；还使千百万农民丧失了赖以生存的土地，诱发了大量的社会矛盾。②

几年前，当世界粮食危机波及我国时，农产品价格出现了持续上涨的局面。这一方面与国内外宏观经济形势有关，另一方面也反映了农产品有效供给失调。我国人口众多，可耕土地有限，土地使用中的浪费、粗放经营很严重，阻碍了农业产量和农产品质量的提高。而家庭式的小农经营不利于农业科技的推广与应用。如果农业产量还徘徊不前，随着人口增加，可耕土地面积减少，社会生活中粮油问题和禽蛋供给与需求矛盾将会加剧。消费品价格长期过高，将会直接影响人民的生活质量，不利于我国构建和谐社会的大局。因此，研究农村承包地流转对于消除流转中的隐形矛盾，避免承包地流转中的风险，对促进农村经济发展、社会稳定具有重要意义。

---

① 2008年国民经济和社会发展公报［OL］.［2017-10-20］. www.gov.cn/test/.

② 张履鹏. 中国农田制度变迁与展望［M］. 北京：中国农业出版社，2009：245.

2. 理论意义

（1）可以丰富我国农村承包地流转理论

农村承包地不同于农地，尽管它们有相同之处，但也有相异方面。通过文献检索，笔者发现对我国农地研究的文章相对较多，研究范围主要集中在农地流转模式、农地流转中农民权益保护、农地流转（这实质是对农村承包地征用）中对农民的补偿问题、农地流转体制和影响因素分析等，而对农村承包地流转的研究则不多。从2005年颁布实施的《农村土地承包经营权流转管理办法》以及十七届三中全会允许农民以多种形式流转土地承包经营权可以看出，我国中央政府所说的农村土地承包经营权流转就是农村承包地的流转。

然而，在理论研究中一些学者经常犯概念上的错误。如有些学者把对土地征用当作农村承包地流转，探讨如何在农村承包地流转（实质是征用）中保护失地农民利益；也有的学者把对土地征用中的价值补偿、价格计算作为农村承包地流转的研究范围，把这些本属于征用研究范畴的问题作为承包地流转的范畴来研究。当前，对农村承包地流转机制专门进行研究的文章还不多，已有的文献也很零散，缺乏整体性和系统性。因此通过对农村承包地流转机制创新全面与系统的研究，可以丰富我国承包地流转的理论。

（2）可以拓展我国社会主义市场经济理论研究领域

市场经济是一种经济组织方式。在这种方式下，生产什么样的商品，采用什么方法生产以及生产出来以后谁将得到等，都是市场经济要研究的问题。在当今社会经济中，不仅在发达国家，而且在广大发展中国家，市场经济的作用不仅得到首肯，还有日渐发展扩大的趋势。[①] 我国实行家庭联产承包责任制掀开了改革开放的序幕，但是到了20世纪80年代后期，农村改革基本上是在匍匐中前进。对社会主义市场经济理论的研究多数集中在国有企业改革、市场体系的构建、市场机制的完善上；对农村市场经济理论的研究多集中在农业产业化、商品化上。由于农村承包地流转在大多数地区还主要以自发为主，对流转中利用市场机制的研究还未成型。

本书着重研究农村承包地流转中的市场机制、动力机制和风险规避机制，同时鉴于承包地在农业使用上的弱质性，还研究农村承包地流转中的相关配套制度等。因此，通过对农村承包地流转机制创新的研究可以丰富我国社会主义市场经济理论，拓展其涵盖的领域。

① 何芳济，胡金焱，等. 中国市场经济概论［M］. 济南：山东大学出版，1994：1-2.

1.2 研究对象与相关概念界定

1.2.1 研究对象

本书的研究对象是农村承包地流转机制创新。由于农民只有对其所承包土地的经营权（使用权）而没有所有权，所以，本书所论的承包地流转就是承包经营权（使用权）流转。同时，对农村集体土地进行征用，改变了其使用性质的，视为超出流转范畴；而且，宅基地具有与承包地不同的使用性质，因此，这两者在本书中不加论述。全书把理论分析作为基础，把农村承包地流转的运行现状作为逻辑起点，通过分析流转机制不畅的原因，围绕着机制健康运行所需的动力机制、市场机制、风险机制和配套机制而展开，把构建农村承包地健康、有序地流转作为研究归宿。

1.2.2 相关概念界定

1. 农村承包地及类型

《中华人民共和国农村土地承包法》（以下简称《农村土地承包法》）第二条规定，农村土地是指依法由农民集体所有和国家所有但由农民集体使用的耕地、草地、林地，以及其他依法用于农业的土地。基于此，可以把农村承包地定义为：农民和集体通过签订合同获取的本集体所有和国家所有依法由本集体使用的土地。

该概念包含三层含义。首先，明确规定了承包地涉及的主体是集体和本集体的农民，也就是承包方和发包方。承包方主要是本集体村民，但如果事先经本集体经济组织村民会议三分之二以上成员同意或者三分之二以上村民代表赞同，并且报乡（镇）人民政府批准，发包方就可以把本集体组织的土地发包给本集体经济组织外的个人或者单位承包。其次，规定了“客体”是本集体所有和国家所有依法由本集体所使用的土地。这种土地可以是本集体所有，也可以是国家所有，而由本集体依法使用。最后，农民获得土地的方式是通过签订合同获取，合同上明确规定着发包方和承包方的权利与义务。

农村承包地类型是农村承包地所具有的种类和形态。从我国《农村土地承包法》的规定可以看出农村承包地类型有耕地、草地、林地和渔业用地。承包耕地用来进行种植粮食作物；承包草地用来进行畜牧业养殖；承包林地是用来栽种树木和进行其他经营的山地；承包渔业用地是用来进行水产品养殖的水面面积。在本研究中，鉴于农村耕地的重要性，笔者把这种农村承包地研究范围限定为农民承包的耕地。

2. 农村承包地流转及基本形式

（1）农村承包地流转是在不改变土地承包经营制度的前提下，农户将土地经营使用权转让给其他农户或者从事农业生产的组织耕种。

该概念涵盖以下几点内容：第一，农村承包地流转以不改变土地承包经营制度为前提，如果改变了这个前提就不属于流转的范畴；第二，这种流转实质是承包经营（使用）权流转，而不是所有权或者其他权利的流转；第三，从受让方的限制上来看，只能是进行农业生产的农户或者组织，而不是其他工商业组织或者个人。

我国农村土地承包经营权流转管理办法还规定了农民承包经营的土地流转不得改变承包地集体所有的性质、不得损害有利害关系的个人和农村集体经济组织的合法权益、不得改变承包地农业使用性质；并要稳定农村土地承包关系和坚持农户家庭承包经营制度，同时还要遵循流转双方平等协商、依法、自愿及有偿的原则。

因此，农村承包地流转不是对农村承包地的征用，如果征用就不是真正意义上的流转，而是农村土地的流失。

（2）农村承包地流转的基本形式有出租、转让、转包、互换和入股。①

①出租是指承包方将部分或全部土地承包经营权以一定期限租赁给他人从事农业生产经营。出租后原土地承包关系不变，原承包方继续履行原土地承包合同规定的权利和义务。承租方按出租时约定的条件对承包方负责。

②转让是指承包方有稳定的非农职业或者有稳定的收入来源，经承包方申请和发包方同意，将部分或全部土地承包经营权让渡给其他从事农业生产经营的农户，由其履行相应土地承包合同的权利和义务。转让后原土地承包关系自行终止，原承包方承包期内的土地承包经营权部分或全部灭失。

③转包是指承包方将部分或全部土地承包经营权以一定期限转给同一集体经济组织的其他农户从事农业生产经营。转包后原土地承包关系不变，原承包方继续履行原土地承包合同规定的权利和义务。接包方按转包时约定的条件对转包方负责。承包方将土地交他人代耕不足一年的除外。

④互换是指承包方之间为方便耕作或者各自需要，对属于同一集体经济组

---

① 中华人民共和国农业部：农村土地承包经营权流转管理办法［OL］．［2017-10-20］．http://www.agri.gov.cn/blgg/t20050126_31181htm.

织的承包地块进行交换，同时交换相应的土地承包经营权。

⑤入股是指实行家庭承包方式的承包方之间为发展农业经济，将土地承包经营权作为股权，自愿联合从事农业合作生产经营；其他承包方式的承包方将土地承包经营权量化为股权，入股组成股份公司或者合作社等，从事农业生产经营。

3. 农村承包地流转机制创新

机制是由拉丁文 mechanisma 一词翻译而来，原来指的是机器的构造和动作原理，到后来被其他学科所借用，用来比喻事物本身以及各个组成部分的结构、功能和其内在的活动方式，涵盖事物各相关构成部分之间的相互制约与联系。①

农村承包地流转机制是承包地流转中的机构和制度，是各关联要素之间相互联系和作用的关系及其功能。

农村承包地流转机制创新，是针对机制运行中存在的问题，在借鉴别人研究成果和对各地流转实践进行消化、吸收和创新的基础上，在流转的机构和制度上引进新鲜元素，构筑健康运行的机体。

4. 农村土地、农业用地与农村承包地间的联系与区别

（1）农村土地、农业用地与农村承包地间的联系

农村土地、农业用地与农村承包地是紧密相连的。农村土地中包含着农村承包地，承包地属于农村土地的一部分，所有承包地都在农村土地的涵盖下，离开承包地，农村土地的内涵就缺乏完整性。同样，农业用地也包含着承包地。并且，承包地是农业用地最主要的构成部分，离开承包地的农业用地也是不可想象的。

（2）农村土地、农业用地与农村承包地之间的区别

农村土地是和城市土地相对而言的，是从区位上来划分的。农村土地包括农用、建设和未利用土地。建设用地主要是农村居民建房的宅基地、集体建设用地、公益性建设用地和基础设施用地；未利用土地，主要指农村中未被利用的荒山、荒沟、荒丘和荒滩，这些是待开发用地。城市土地是属于国家所有的位置处于城镇的土地。

农业用地是和建设用地相对而言的，是从用途上来划分的。农业用地主要用于农业生产，用于满足人们的食物消费，其最主要的是耕地，也包括林、牧

---

① 效民. 什么是“机制”“经济机制”和“价格机制”［J］. 价格理论与实践，1986（5）：43.

和渔等用地。而建设用地主要是指满足城镇和农村居民的居住、娱乐、购物、教育、医疗等的用地。

农村承包地是和自留地、机动地相对而言的，是从土地权属上来划分的。承包地是指农民通过签订合同获得的本集体所有的土地，这是农业用地的主体，约占农村土地80%以上。自留地是在改革开放前已存在，用于农民副业生产的用地，直接分配给农民，不需要签订合同。自留地一般占生产队耕地面积的5%~7%。中共中央、国务院于1981年3月30日转发国家农委《关于积极发展农村多种经营的报告》的通知指出："有条件的地方，还可以适当扩大一些自留地。自留地高限可达耕地面积的15%。"① 机动地是在实施家庭联产承包制度，按人口进行分配承包土地时，用于满足新增人口的承包地或者新增宅基地需求而预留出来的一部分土地。农民耕种这部分土地也不需要签订像承包地一样的合同，农村集体组织可以根据政策收回农民耕种的承包地。1997年中共中央办公厅、国务院办公厅《关于进一步稳定和完善农村土地承包关系的通知》中规定："目前已留有机动地的地方，必须将'机动地'严格控制在耕地总面积的5%的限额之内，并严格用于解决人地矛盾，超过部分应按公平合理的原则分包到户。"②

1.3 国内外相关研究综述

农村承包地流转是在不改变土地承包经营权的前提下，农户把拥有的土地经营权流转给其他农户或农业经济组织经营，保留承包权、转出经营权。这是随着家庭承包经营制度逐步完善，产生了"三权分离"（三权指所有权、承包权、经营权）机制而产生的。在土地所有权仍属于村（乡镇）集体，承包权属于农户家庭的前提下，受让方具有使用权。

1.3.1 国外相关研究

国外土地制度不同于我国，它们没有类似我国实行的家庭承包责任制，因此，严格意义上的农村承包地流转在西方是不存在的。由于国外的农地是建立

---

① 戴谋富. 论农民自留地权利属性的演变与现实结构［J］. 湖北经济学院学报（人文社会科学版），2005（3）：128-129.

② 中共中央办公厅法规室，中共中央纪委法规室，中共中央组织部办公厅. 中国共产党党内法规选编：1996—2000［Z］. 北京：法律出版社，2009：395-397.

在私有制且具有完全所有权、使用权、收益权和处分权的基础之上，对农地进行的租赁、抵押、买卖等已很普遍，市场建设也很成熟，其流转市场体系和相关制度建设已相当完善。但是，从我国农村承包地同国外农地都含使用权的转让上看，国外的农地流转（或者交易）同我国承包地流转具有一些相似之处。况且，国外也有一些学者专门研究我国承包经营权的流转。因此，国外学者对农地市场及对我国农村土地承包经营权研究的文献有些值得笔者借鉴。

1. 对农地产权与制度的研究

具有代表性的有：Karl Ove Moene（1992）研究了发展中国家的土地所有权对劳动和收入分配的影响。他把土地所有者划分为三个层次，即大土地所有者、小土地所有者和没有土地的农民，这也形成了地主、自耕农和农业工人等阶层。租田者希望拥有土地所有权，一些没有土地所有权的农民，基于生产要素的优化，开始到城市寻找工作。研究发现，为了减少贫困，越是土地稀少的地方越要求人人均分土地，而土地丰富的地方则没有这样的要求。[①] Joshua M. Duke, Eleonóra Maršová, Anna Bandlerová, Jana Slovinska（2004）以斯洛伐克为例对中东欧国家在20世纪90年代实行农地私有化改革中的交易费用进行了研究，认为土地私有化使农地变得零散，这导致了交易费用的提高和效率的损失，加上政府对市场的干预又增加了交易费用，致使农地很难达到最优化配置。[②] ZhouChen, Wallacee Huffman, Scott Rozelle（2010）针对一些学者所认为的中国农业发展中农地规模与农业产量之间存在着相对应关系，认为这种关系不存在不是由于农业本身，而是由于未观察到的土地质量和未公平分配的农户规模的存在，中国农村土地分配是为确保当地家庭满足其营养需要。[③]

2. 对农地交易动力及市场的研究

具有代表性的有：经济合作与发展组织（Organisation for Economic Co-operation and Development）（1998），出版了《经济合作与发展组织农业调整：农地政策》一书，对参加组织国的农业政策和农地流动进行了研究。通过检验组织国政策、税收干预对农地流动、农地权属转移和地区政策差异的影响，建议增加市场取向的粮农部门；并提出对农业政策进行改革，从外部引进资本来

① KARL OVE MOENE. Poverty and Landownership [J]. The American Economic Review, 1992 (2): 52-58.

② JOSHUA M DUKE, ELEONÓRA MARIŠOVÁ, ANNA BANDLEROVÁ, et al. Price Repression in the Slovak Agricultural Land Market [J]. Land Use Policy, 2004 (1): 59-69.

③ ZHOU CHEN, WALLACEE HUFFMAN, SCOTT ROZELLE. Inverse Relationship Between Productivity and Farm Size: The Caseof China, Contemporary Economic Policy [J]. Contemporary Economic Policy, 2011, 29 (4): 580-592.

对农业进行扶持，使农户受益。[①] Murphy, Rachel (2000) 在对我国江西省万寨村 138 户农民调查的基础上，研究了劳动力流动和家庭构成、当地非农就业和土地分配规模的关系，重点对农村土地及土地所有权流转和农业税进行了分析。其发现农民流动和农地流转可以在资源短缺及村集体经济分配机制不完善的情况下促进农村脱贫和进步。[②] Eric Van Tassel (2004) 研究了信用和土地所有权流转。他通过建立模型分析了小土地所有者（即农户）用土地所有权作抵押的问题，认为当农户和银行对土地的估价相一致时，农户就可以从银行获得贷款，然后进行一些风险项目的投资，从而可以增加收入。该研究发现并解释了为什么玻利维亚和墨西哥的政策准许农户进行抵押贷款。[③]

3. 对农地保护的研究

具有代表性的有：Tagawa, Toshikazu, Anderson, Thomas E (1991) 通过对日本税法的改变研究，包括颁布土地税、新增公司和个人土地流转税等来研究税收对农地流转的影响。[④] Razin, Eran (1998) 认为由于受市场利益的驱动，地方政府不可能在地区宏观规划上或相关改革上来限制城市的扩张，在地方发展和城市扩张中的公共管理博弈机制中，地方政府为了财政而把农地流转为城市用地；并以以色列为例，对减少工业区的过多发展进行探讨。他认为作为补充调整措施，在土地使用计划和市政边界改变之间，农村地方政府与城市地方政府相分离的应加强合作。[⑤] George C. S. Lin, Samuel P. S. Ho (2005) 通过研究近年来中国的土地制度，发现农村土地的所有权和使用权分离为土地提供了新的市场，并演变为双轨用地制度，结果导致对土地多样化的开发。近年来，虽然农田损失演变为非农用途的脚步已有所放慢，但一些非法活动依然在蔓延，应加强对农地使用的监管。[⑥] Kathyle Mons Walker (2008) 从政治的角

① Organisation for Economic Co-operation and Development. Adjustment in OECD agriculture. Reforming farmland policies [M]. Paris: Author, 1998: 83.

② MURPHY, RACHEL. Migration and Inter-household Inequality: Observations from Wanzai County, Jiangxi [J]. China Quarterly, 2000 (12): 965-82.

③ ERIC VAN TASSEL. Credit Access and Transferable Land Rights [M]. Oxford: Oxford University Press, 2004: 151-166.

④ TAGAWA, TOSHIKAZU, ANDERSON, et al. Japan Passes New Tax Law [J]. Bulletin for International Fiscal Documentation, 1991 (10): 489-492.

⑤ RAZIN, ERAN. Policies to Control Urban Sprawl: Planning Regulations Changes in the "Rules of the Game"? [J]. Urban Studies, 1998 (2): 321-340.

⑥ GEORGE C S LIN, SAMUEL P S HO. The State, Land System, and Land Development Processes in Contemporary China [J]. Annals of the Association of American Geographers, 2005 (6): 411-436.

度研究了在中国农村土地流转中，由于官员的腐败和企业家的狂热而导致的农民抗议。① Jiangxu，Anthony Yeh Fulong Wu（2009）通过分析20世纪90年代以来的中国土地市场，认为随着城市空间的扩展，土地拍卖变得普及与猖獗，土地市场结构变得复杂。在这种情况下，国家应该统一土地监督管理，改变土地的商品化，以实现土地的有效治理。② Johnston，Robert J. Duke，Joshua M.（2009）指出在农地价值保护估计中，不同规模和不同地区的农地流转会产生不同的福利，进而通过对农地流转中乡村和州政府价值保护意愿的研究，修正了以前对农地保护价值的错误判断，主张基层政府在农地流转中获取利益的同时，应加强农地保护。③

国外学者对农地产权制度、动力和保护上的研究，为笔者提供了写作的思路。但正如前所述，我国农村承包地流转是在农村土地所有权归属和农业用地性质不变的情况下，将承包地使用权（经营权）从承包经营权中分离出来，转移给其他农户或农业经营者。这种流转不同于发达国家完全市场交易情况下的流转，也是国外学者所无法理解和预见的。尽管如此，国外学者在农地上的研究，对于我国农村承包地流转机制创新研究可起到一定的启示作用。

1.3.2 国内相关研究

国内学者明确提出农村承包地流转的不多，多数研究是关于农村土地承包经营权流转或农地流转的，其实质基本相同。

1. 对承包地流转动力的研究

具有代表性的有：徐旭、蒋文华、应凤其（2002）认为农民是否进行承包经营权流转，动因在其预期的收益。在完全竞争的市场环境中，农民是否愿意流转其承包的土地，其选择、决策过程如同一个企业，是以其预期承包与预期收益的比较为基础的。可以构建模型：$U = Agr(t) + Nagr(1 - t)$。设农民总净收益为 U，农民总的可支配时间为1，农民经营农地的时间为 t，$1 - t$ 为农民从事非农产业的时间。$Agr(t)$ 是农民务农的净收益，$Nagr(1 - t)$ 是农民从事

① GEORGE C S LIN，SAMUEL P S. From Covert to Overt：Everyday Peasant Politics in China and the Implications for Transnational Agrarian Movements［J］. Ho Journal of Agrarian Change，2008（4）：462-488.

② JIANG XU，ANTHONY YEH，FULONG WU. Land Commodification：New Land Development and Politics in China since the Late 1990［M］. London：Joint Editors and Blackwell Publishing Ltd，2009：226.

③ JOHNSTON，ROBERT J，DUKE，et al. Willingness to Pay for Land Preservation across States and Jurisdictional Scale：Implications for Benefit Transfer［J］. Land Economics，2009（5）：217-237.

非农产业的净收益。农民为了使收益最大化，会平衡其劳动时间。由于农民禀赋和机遇之间的不同，一些农民认为务农时间投入的边际收益大于非农产业的边际收益，而选择农业专业化生产，即 $t=1$；有些农民则认为从事二、三产业的时间投入边际收益大于务农的边际收益，而逐渐脱离农业，专门从事非农产业，即 $t=0$。而夹在中间的农民，则选择兼业，即 $0<t<1$。对于第一类的农民，只要流入农地价格小于专业化带来的收益，就愿意流入土地；第二类农民，由于流出农地的机会成本很小，即使价格不高，也愿意流出土地；第三类农民，当农地流入价格小于农业专业化带来的收益，会选择流入农地，反之，则会流出农地。[①] 陈永志、黄丽萍（2007）认为相对价格的变化是农地使用权流转的源泉，农户对潜在利润的追求是农地使用权流转最主要的驱动因素，农业产业化经营所带来的利润是农地流转不可缺少的内在因素，并从这方面分析了农村土地使用权流转的内在动力。[②] 杨少垒（2009），认为动力机制对农村土地承包经营权的流转具有重要作用。当前的土地流转是农民与企业、集体组织及地方政府共同推动的结果。在运行中存在着动力主体功能连接不畅和动力要素作用的强度不够两大困境，这就导致流转市场动力相对不足。因此，对动力的完善要从明确主体角色定位、同步推进工业化和城镇化进程及加强农业科技创新等方面来进行。[③] 邵书慧（2009）从微观经济学角度剖析了影响农村土地经营权流转的动力机制，并论述了农地流转对土地资源充分利用与农业规模经营以及农民增收的影响与作用。[④]

2. 对承包经营权流转市场机制的研究

具有代表性的有：钱忠好（2003）认为农地承包经营权市场流转决定于有效的农地供给和农地需求。他通过对农户的农地承包经营权市场流转决策进行模型构建，分析了非生产性收益、土地产品价格、非生产性成本、生产性成本、土地交易成本、土地使用成本、现有土地经营规模等各因素对农地供给与需求的影响与作用，并得出我国农地承包经营权市场在流转中面临刚性需求约束，在总体水平上呈现出需求大于供给具有不均衡态势的结论。为此，他提出

---

① 徐旭，蒋文华，应凤其. 我国农村土地流转的动因分析 [J]. 管理世界，2002 (9)：144-145.

② 陈永志，黄丽萍. 农村土地使用权流转的动力、条件及路径选择 [J]. 经济学家，2007 (1)：51-58.

③ 杨少垒. 土地承包经营权流转的动力机制研究 [J]. 经济与管理研究，2009 (6)：100-104.

④ 邵书慧. 农村承包地流转动力机制探索及其经济学分析 [J]. 科技创业，2009 (11)：17-18.

应改善农地承包使用权流转市场所需的外部条件，以促进农地有效供给的形成。[①] 他还认为乡村干部在与农户打交道时，在地位上往往处于强势，这就使乡村干部的行为和偏好对农地承包经营权的流转具有极大的影响。基层干部偏好于经常性地调整承包地的做法是他们追求自身利益最大化的必然结果，这在一定程度上制约了农地流转市场机制的发育。[②] 刘小英、柴志敏、李富忠（2009）以山西省为例，介绍了当前土地流转的形式，发现当前土地流转中市场发育缓慢、市场主体不明晰、价格机制不健全等问题；并针对以上问题，从加快土地承包经营权流转中市场服务体系的建设，健全农村土地承包经营权流转价格机制的形成，以及完善农村土地承包经营权权能及维护农民权益上提出了对策建议。[③] 邓大才（2009）认为中国农村虽然有土地流转，但是“有流无转”和“有市无场”，并没有形成真正意义上的农地流转市场。农村土地承包经营权流转市场应该符合以农民为流转主体、有流转平台、有流转机构和有流转规则四大要件。其从规划与建章、立市与管理、服务与监督以及保障等环节上提出要健全农村土地承包经营权流转市场。[④] 刘克春、林坚（2005）提出假说认为，农地供求状况取决于农户对非农收益的期望值；农地市场发育、交易量的多少主要取决于农户之间非农收益的期望值差异；在二元与开放经济条件下，农地市场流转对行政性的强制调整具有某种替代性。而且，其首先通过构建农地供求理论决策模型，然后运用统计和经验数据对其假说进行了验证。[⑤]

3. 对农村承包地流转风险的研究

具有代表性的有：李录堂（1994）针对农村承包地流转中存在的经营风险和职业风险，提出了在不改变我国现行的农村承包地基本制度前提下，政府通过保险公司对有条件从事非农业经营的农民由承包方式获得的、但依照我国法律法规不能自由买卖的农村土地使用权进行保险，以此来消除农民在非农产

---

① 钱忠好. 农地承包经营权市场流转：理论与实证分析——基于农户层面的经济分析［J］. 经济研究，2003（2）：83-92.

② 钱忠好. 农地承包经营权市场流转的困境与乡村干部行为——对乡村干部行为的分析［J］. 中国农村观察，2003（2）：10-13.

③ 刘小英，柴志敏，李富忠. 关于建立健全土地承包经营权流转市场问题的研究［J］. 广东土地科学，2009（4）：9-12.

④ 邓大才. 关于土地承包经营权流转市场的几个重大判断［J］. 学术研究，2009（9）：92-97.

⑤ 刘克春，林坚. 农地承包经营权市场流转与行政性调整：理论与实证分析——基于农户层面和江西省实证研究［J］. 数量经济技术经济研究，2005（11）：99-111.

业中遭遇经营风险与职业风险时的后顾之忧。[①] 丁新正（2008）从统筹城乡的背景出发，以成渝综合改革实验区为实证，在介绍了成渝实验区农村承包地流转模式和评价的基础上，主要从如何平衡协调农村集体土地流转中各方的利益关系，规避农村集体土地流转中各种风险上进行探讨。[②]

4. 对农村承包地流转中各种配套制度的研究

具有代表性的有：吕萍（2009）认为土地承包经营权流转中对农民权益保障和规范是主要问题。其中农民的权益保障体现在实体性、流动性和价值性三个方面。基于此，她从完善对农村土地承包经营权的权能规定、强化对农村土地承包经营权流转中的相关权利约束上提出了完善土地承包经营权管理与服务体系及其配套措施的政策建议。[③] 张晓远、吴玉萍（2005）认为我国农村土地承包经营权流转中存在着流转规范性差、地区性差异、流转方式有争议等许多现实问题。为此，他们提出通过科学地界定农村土地承包经营权的权属、完备土地承包经营权流转方式、健全农村社会保障制度及对承包人、政府和村集体的角色进行科学定位等途径，来逐步完善土地承包经营权的流转制度。[④] 何玲、贾启建、董谦、董海荣（2010）以河北省土地流转为例，采用抽样调查的方法，对河北省350户参与土地经营权转出的农户社会保障供求状况进行了调研，并分析了河北省土地流转前后农村社会保障的供求状况。他们从土地转出前后农户社会保障需求和供给着手，分析河北省土地流转前后的农户社会保障需求变化状况。他们提出加大合作医疗资助力度，制定与土地流转相应的社会保障政策，组建农村社会保障管理、执行、监督的机构，树立现代社会农民的保障意识等措施来解决农村土地流转过程中的农村社会保障供求矛盾；同时建议政府应从优化和完善流转土地农民社会保障制度为目的出发，建立覆盖全省统一的农民社会保障体系。[⑤]

国内学者对土地承包经营权流转机制的研究，有许多值得笔者借鉴的地方。如在市场机制上，对农地有效需求和有效供给的分析，乡村干部对承包经

---

① 李录堂. 试谈农村承包地使用权保险与农村承包地流转集中问题［J］. 江西农业经济，1994（6）：7-8.

② 丁新正. 统筹城乡背景下农村承包地流转的模式及风险规避——以成渝全国统筹城乡综合配套改革试验区为实证［J］. 南阳师范学院学报，2008（7）：18-22.

③ 吕萍. 土地承包经营权流转：权益的保障与规范［J］. 中国土地科学，2009（7）：28-31.

④ 张晓远，吴玉萍. 农村土地承包经营权流转中的法律问题亟待完善［J］. 农村经济，2005（5）：26-29.

⑤ 何玲，贾启建，董谦，等. 农村土地承包经营权流转的农村社会保障供求矛盾解决途径——以河北省为例［J］. 安徽农业科学，2010（6）：62-64.

营权流转的影响，中国有没有真正的农村承包地流转市场，心理预期对土地承包经营权的影响；在动力机制上，动力的影响因素与驱动等；在风险种类与规避风险的方式，以及在农民保障制度与承包经营权流转的关系上，都有值得笔者学习与吸收的地方。但是，现有的研究成果也存在不足之处：一是不够全面，没有对承包经营权流转机制的各个方面进行系统研究，只是针对其中的某个方面，没有涵盖流转机制的各个环节；二是现有研究在有些地方混淆了承包地流转和征用的差别，一些研究把对农村承包地征用中农民的补偿问题也作为流转中的问题。

因此，鉴于国内外学者研究的局限，对我国农村承包地流转机制的研究需要创新与延伸。

1.4 研究思路、方法与结构安排

1.4.1 研究思路

首先，本书借鉴西方经济学中产权理论、市场理论的合理成分，并结合农村承包地使用中弱势性以及国家粮食安全进行理论创新。其次，通过对农村承包地流转的实践进行考察，对流转模式和存在问题进行透视，找出农村承包地流转机制运行不畅的原因。最后，从流转动力激活、市场完善、风险规避和配套制度完善四个方面来创新农村承包地流转机制。

本书主要按照以下主线进行：我国农村承包地流转机制创新的理论基础与框架—农村承包地流转机制运行的实践及其问题透视—激活农村承包地流转动力—健全农村承包地流转的市场机制—规避农村承包地流转的风险—完善农村承包地流转中的相关配套制度。

总的来说，本书力图通过理论与实践的结合，进行归纳与总结、抽象与概括，对我国农村承包地流转机制进行完善，以期能进行理论上的创新，并指导实践，推动我国农村承包地流转健康有序地进行。

1.4.2 研究方法

（1）实地考察和问卷调查法。本书通过对统筹城乡实验区中农村承包经营权流转工作中政府比较重视的成都市农村，家庭联产承包责任制实施较早的安徽阜阳进行实地考察，了解农村承包地流转机制运行的现状、进展和困境，从中发现流转中的问题，并吸取好的经验。同时，还选取河北、安徽和四川等地农户进行关于农户家庭基本情况、对农村承包地认知和流转方面的问卷调查。将这些作为研究的逻辑起点，收集农村承包地流转的第一手资料。

（2）实证研究与规范分析法。本书通过综合运用土地经济学、土地管理学、制度经济学、宏观经济学、市场经济学和社会保障学等学科知识，对农村承包地流转中涉及的产权理论、市场理论、农村承包地安全理论和农民权益保障等基本理论进行分析，并对现有农村承包经营权流转方面的文献进行梳理，结合实践，发现需要进一步研究的问题与角度，从而洞悉研究所涉及领域的现状与最新进展，揭示相关问题研究的新动态、新水平、新趋势。在此基础上，对农村承包地流转中的流转模式、流转意愿、流转配套和流转中的动力等，根据调查所得的资料和国家统计局公布的数据用 Eviews 和 SPSS 等软件进行计量分析，并根据农村承包地所具有的独特之处，从规范角度对流转机制进行分析。

（3）系统科学研究的方法。本书将用系统科学的理论和观点，把农村承包地流转机制作为一个过程和整体来剖析。既研究流转过程中的动力、市场、风险和相关的配套机制，又探析流转中所涉及的发包方、承包方和受让方等流转主体的功能和地位，同时，还对流转中承包地产权保护与使用性质保护等进行研究。

1.4.3 结构安排

本书把农村承包地流转中“机制创新”作为研究主线，以农村承包地流转的产权理论、市场理论、使用弱势理论和国家粮食安全作为理论基础，以当前农村承包地流转的实践及其考量作为逻辑起点，对流转中的市场、动力、风险与规避及相关配套机制进行研究；并借鉴、吸取各地农村承包地流转的实践经验，以构建健康、有序的农村承包地流转机制。全书力图通过理论与实践的结合，进行归纳与总结、抽象与概括，以期能进行理论上的创新，并指导实践。

本书共四部分 7 章。主要内容结构如下：

第一部分，是第 1 章“绪论”。本部分内容主要说明本书的选题背景、研究概念界定、研究意义、国内外相关研究文献综述、研究思路、研究方法与结构安排以及主要创新与不足之处等内容。这部分是问题的提出。

第二部分，是第 2 章“农村承包地流转机制创新的理论基础与框架”。首先，从市场机制运行中的产权结构来阐述农村承包经营权束，这是农村承包地流转采取市场机制的必要前提。其次，对农村承包地流转机制中的供求机制、价格机制和竞争机制进行分析，探析这些机制发生作用的机理及它们之间的相互联系与制约关系。最后，从农村承包地流转市场机制管理与规范的目标来论述农村承包地使用弱势理论和国家粮食安全战略。在市场机制运行中，国家进行宏观调控与管理是不可缺少的重要环节，也是市场良性运行的关键。

第三部分，是第 3 章“农村承包地流转的实践及其考量”。本部分内容包括：①从农业经营规模的扩大、农村剩余劳力转移和二、三产业的发展和村干部的作用上分析农村承包地流转的诱因。②对农村承包地流转的现状从流转模式、流转规模、流转速度和流转去向上进行透视，找出农村承包地流转目前所处的层面，并对总体态势进行判断。③概括农村承包地流转中的困境，并从动力机制缺乏、市场要素不健全、流转风险积聚以及相关配套制度的缺失来分析市场机制运行不畅的原因。

第四部分，是第 4、5、6、7 章。这四章是在问题提出、理论基础、流转实践和流转不畅等分析的基础上，分别从动力激活、市场健全、风险规避和配套制度完善（即 MMRS 机制）四个方面来论述我国农村承包地流转机制创新。

农村承包地流转机制创新之一：激活农村承包地流转中的动力。本部分内容首先对农村承包地流转中动力的内涵与构成进行阐述。根据动力作用来源不同，把动力区分为内源性动力和外生性动力两种。其次，从内在动力和外在动力上剖析了动力的影响因素。最后，从以下方面来激活农村承包地流转的动力机制：优化产业结构，大力发展二、三产业；加快小城镇建设，为承包地完全流转农户提供良好的居住环境；强化基础教育，发展职业技能培训；夯实农业农村发展基础，转变农业发展方式。

农村承包地流转机制创新之二：健全农村承包地流转中的市场机制。该部分内容主要论述市场在资源配置中的基础作用，以使农村承包地能按照市场规律的要求流转；并从现代农业发展的规模化、产业化和市场化要求，以及市场机制中主体权能的赋予与客体“物”的具备上对农村承包地流转中的价格机制、供求机制和竞争机制进行分析，其中重点研究的是价格机制。在价格机制中从农村承包地流转中的地租着手，通过对地租影响因素分析，流转年期的合理确定，以及在汲取各地流转中租金计算的基础上，对流转租金模型进行修正。

农村承包地流转机制创新之三：规避农村承包地流转中的风险。本章内容首先从国家粮食安全的角度、承包方和受让方损失和收益的角度对农村承包地流转中的政策风险、市场风险、经营风险和信用风险等进行归类，并分析这些风险形成的内在机理。然后从以下方面规避农村承包地流转中的风险：保持政策稳定性，制定农村承包地流转法律；加大农业保险的领域，拓展保险的覆盖面；培养现代化农业经营管理人才。

农村承包地流转机制创新之四：完善农村承包地流转中的相关配套制度。这部分内容把农村承包地流转中相关配套制度简括为“一体两翼”。首先，对“一体两翼”内涵进行界定，并分析“一体”与“两翼”的辩证统一关系。其次，从流转农户福祉的视角，论述农村承包地流转中对农民权益的保障，并对当前盛行的“三放弃”模式进行评析。再次，从农村承包地法律保护与用途保护上来论述承包地保护是承包经营权和耕地保护的复合体，同时针对耕地保护政策实施中的变异，提出了承包地保护的路径选择。最后，从农村承包地交易中心的设立与功能、农村土地估价机构的完善、农村承包地流转中法律服务的补白和新型农村金融的构建上来论述如何培育农村承包地流转中的中介组织。

本书力图在借鉴前人成果的基础上，围绕着“激活动力、培育市场、积极引导、完善配套”四个环节来进行机制创新。“激活动力”，是针对农村承包地流转中动力机制缺乏，从流转中内外动力的激活视角，来创新流转的动力机制。“培育市场”，是从承包地流转健康运行所需市场的视角，对流转中所需的市场机制来进行研究。“积极引导”，是突出农村承包地流转中政府的作用，即在农村承包地流转中，政府不是无为，而应是大有作为；政府官员，特别是基层官员应该转变观念，把管理变成服务，为农村承包地流转做好相关的服务工作，并进行积极引导、服务与监督，使流转按照国家提出的协商、依法、自愿与有偿原则和“三个不得”有序进行。在本书中，“积极引导”没有作为一个单独的部分进行论述，而是贯穿到“激活动力”“培育市场”和“完善配套”之中。在某种意义上，“积极引导”的过程又是对进行农村承包地流转全方位服务的过程。“完善配套”主要是从农村承包地流转所需的外部环境的视角来分析。农村承包地的合理、健康和有序流转需要一个良好的外部环境。这种环境包括：土地流转中心、土地评估中心和法律咨询中心的建立，农村社会保障的全面铺开，以及进城务工人员在城市住房和子女教育上的改善等。本书从相关配套机制完善上进行创新研究。

本书的结构框架如图 1-1 所示。

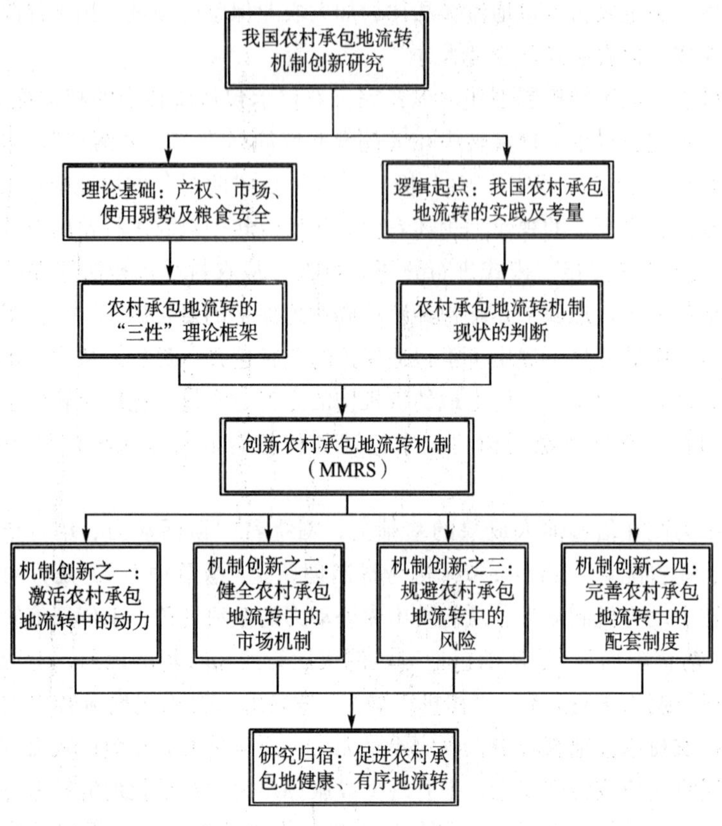

图 1-1　本书的结构框架

1.5　主要创新与不足

1.5.1　主要创新

（1）在农村承包地流转的产权、市场、使用弱势及粮食安全理论基础上，构建了农村承包地流转的“三性理论”框架。即农户选择流转的自主性，承包地使用和流转的安全性，以及承包地流转带来的效益性。在“三性理论”中突出自主性是前提，安全性是保障，效益性是目的。同时，结合农村承包地流转机制运行不畅的判断，从综观经济分析的视角，构建了农村承包地流转的 MMRS 机制，即动力激活、市场健全、风险规避和配套制度完善。

（2）对农民工资性收入运用计量经济分析，构建一阶自回归的 VAR 模型，从中找出推动承包地流转的趋势性动力。并根据农地估价一般理论，引鉴各地农村承包地流转中租金计算的实践，根据每年粮食收成的不同，通过锁定粮食单产和市场价格，从动态上构建了农村承包地流转租金修正模型，使其符合农村承包地流转的实际，可作为租金计算时的一个有效参考。

（3）从国家、流转双方或一方的角度，对农村承包地流转中风险及成因进行了全面剖析，并根据不同风险提出了不同的政策建议。而且，把农村承包地流转的相关配套制度简括为“一体两翼”。即农民权益保障为“一体”，承包地保护和服务中介完善为“两翼”。并针对把承包地保护矮化为耕地保护的现象，提出了承包地保护是承包经营权与耕地保护的复合体。

1.5.2 不足之处

（1）由于农村承包地流转的实践较短，自发性较强，没有现成统计资料，资料不完整，想构建好的经济计量模型进行实证研究，就缺乏有效的数据支撑。

（2）农村微型市场经济组织是农民利益的代表，在承包地流转中恰恰缺乏这种组织。如果是承包地向农业公司流转，单个农民往往缺乏博弈的能力，而本书对农村微型市场经济组织的构建没有展开。

（3）农村承包地流转有一个逐步展开的过程，尽管承包地流转在私下已进行多年，但大规模土地流转的趋势还没有形成，农村承包地流转中的问题还没有完全暴露。因此，这也给研究带来了一定的困难。

2　农村承包地流转机制创新的理论基础与框架

实行家庭联产承包责任制初期，生产要素的重新配置极大地提高了农民的生产积极性，农业产量不断提高，解决了多年来困扰我国民众的吃饭问题。然而，当小农家庭经营提高粮食的潜能几乎被释放殆尽时，农业增收越来越慢。随着沿海地区民营经济的兴起，一些农村富余劳力开始外出寻求新的致富之路，这促使农村承包地开始流转。农村承包地流转是农业生产要素合理配置的要求，也是我国家庭承包经营责任制在所有权不变的前提下，承包户可以把经营使用权转让的一项权能。在市场经济条件下，农村承包地流转应该按照市场规律来运行，由市场机制进行调节。同时，由于承包地的农业使用具有弱势性及承担粮食安全的职责，应对其进行保护。因此，本部分内容将对农村承包地流转机制创新的理论基础进行阐述，并构建理论框架。

2.1　农村承包地产权理论

2.1.1　产权理论与模糊产权

1. 马克思产权理论

马克思认为产权主要是指生产资料所有权，生产资料所有制是一个社会经济关系与社会制度的决定性因素。[①] 马克思认为土地产权是由土地所有权以及由其衍生出来的各种权能所组成的权利束，这种权能既可结合又可分离；地租是土地所有权在经济上借以实现自己、增值自己的形式；土地产权具有交易商

① 孙飞，齐珊. 马克思产权理论的当代价值［J］. 当代经济研究，2010（3）：15.

品化和配置市场化的特点。[①]

2. 西方产权理论

阿尔钦认为“产权就是一种通过社会强制来实施对某种经济物品多种用途所进行选择的权利”[②]。德姆塞茨认为“产权是一个人或他人受益或者受损的权利”；“产权还是一种社会工具，它的重要性就在于能帮助一个人在与其他人进行交易时形成合理的预期。这些预期能通过社会的法律、道德和习俗得到表达”。科斯从权利行使角度来界定产权内涵，他指出：“人们通常认为，商人能得到和可以利用的是实物（如一亩土地或一吨化肥），而不是去行使一定行为的权力，这是一个不正确的概念。我们会说某人拥有土地，实际上是这个人拥有实施一定行为的权力。”[③] 在此，科斯把产权界定为行使一定行为的能力。除了产权界定，科斯还对交易费用对议定契约的影响进行了研究，这些体现在“科斯定理”中。

“科斯定理”的核心之一，是指在交易费用为零的情况下，无论权利的初始安排如何，当事人通过谈判都能使财富达到最大化的配置；而在交易费用为正时，合法权利的初始界定将影响资源的配置效率。产权的经济功能在于克服交易摩擦，降低交易费用，从而在制度上保证资源配置的有效性。“科斯定理”的核心之二，是主张企业产权的界定是合约有效达成和实施的前提。而产权界定的诱因是不确定性和共同财产的存在。“科斯定理”是现代西方产权经济学的理论基础。[④]

张五常则认为，产权是关于财产的“使用”“转让”和“从中获取收入”的一组权利，其关键是如何理解财产和收入的概念。张五常的产权没有提到所有权的概念，理由在于所有权可以分解为使用、转让和取得收入这三种权利。[⑤] 赵红梅、李景霞认为，从最基本的意义上说，产权是由社会规定的一组权利，这些权利的所有者能够在法律的保护下，支配、使用其财产，并获得相应收益，免遭他人干涉侵犯，从而使财产所有者有动力去运用这些财产从事经

---

① 邵彦敏. 马克思土地产权理论的逻辑内涵及当代价值［J］. 马克思主义与现实，2006（3）：149-151.

② A 阿尔钦. 新帕尔格雷夫经济学大辞典［M］. 陈贷孙，译. 北京：经济科学出版社，1992：1101.

③ R 科斯. 企业、市场和法律［M］. 盛洪，陈郁，译. 上海：上海三联书店，1990：123.

④ 段强. 中国国有企业的管制革命［M］. 北京：经济科学出版社，2004：58-62.

⑤ 盛洪. 现代制度经济学（下）［M］. 北京：北京大学出版社，2003：216.

济活动，增加自己的福利。①

西方产权理论的核心主要围绕着主体和客体间的关系，以及主体对客体可以行使什么样的权利，也就是说，产权是法律用来保障主体对客体所拥有的所有、占有、使用（经营）、支配、受益和处置等所构成的一个权利束。它是用来约束经济主体行为、维护经济秩序的一个法权工具和手段。

3. 模糊产权

产权明晰是指财产所有者对其财产具有完全的控制权。而模糊产权则是指所有者的控制权不完备，缺乏保障，以至于受损，所有者不得不为本该应有的权利进行讨价还价。模糊产权意味着对基本体制结构缺乏严格的定义，控制权的归属相应地似是而非，相关的各方对实际控制权是通过协商，以致通过讨价还价而最后确定。②

2.1.2 农村承包地产权及其模糊化

1. 农村土地产权的变迁

我国农村土地产权经历了三次制度变迁：农村土地私有制，即农民直接拥有土地所有权；农村土地公有制，即国家把农民土地所有权和土地使用权收回；农户家庭联产承包责任制。土地产权沿着私有到公有再到集体所有的方向变革。

（1）农村土地私有制（1949—1953 年）

在 20 世纪，中国土地制度发生了两次巨大的变迁：一是在 20 世纪前半个世纪，传统土地私有制向现代土地私有制跃迁；二是在 20 世纪后半个世纪，两千多年历史的土地私有制向社会主义土地集体所有制跃迁。③ 中华人民共和国成立伊始，就开展了轰轰烈烈的土地改革运动。土地改革形成的产权制度无疑是一种农村土地私有制。然而，不同的制度形成方式，所蕴含的制度强度是不同的。④ 土地改革，使几亿农民获得了土地，并把封建地主土地所有制转变为农民土地所有制。在土改中，政府给农民颁发了土地所有权证“地契”，这曾极大地提高了农村生产力。获得土地的农民劳动热情倍增，粮食产量不断增

---

① 赵红梅，李景霞. 现代西方经济学主要流派［M］. 北京：中国财政经济出版社，2002：294.

② 李稻葵. 转型经济中的模糊产权理论［J］. 经济研究，1995（4）：42-50.

③ 靳相木. 中国农地制度研究［D］. 济南：山东大学，2002：57.

④ 罗必良. 现代农业发展理论：逻辑线索与创新路径［M］. 北京：中国农业出版社，2009：157.

加，为中华人民共和国成立后农村稳定和抗美援朝胜利奠定了坚实的基础。

但是，土地改革之后实行的小农所有制同以前历史上盛行的自耕农经营方式并没有多大差别，依然存在着小农经营的自给性、分散性、狭隘性和脆弱性等先天不足，容易产生两极分化，也使生产提高受到局限。因此，获得土地的农民既有发展个体经济的强烈愿望，也有互助合作的现实需求。[①] 在这种情况下合作社应运而生。

（2）农村土地公有制（1954—1978 年）

农村土地公有制经历了两个阶段。第一阶段是从 1954 年到 1956 年，是我国社会主义改造时期，主要是对个体小农经济进行改造。其形式先是互助组，后到初级农业生产合作社，再到高级农业生产合作社；个人种植的土地也从无偿入股、统一经营发展到农村土地集体公有。农民自愿或者被迫加入合作社，农民所获得的短暂土地所有权又被收回。第二个阶段是从 1957 年到 1978 年。随着社会主义改造的完成，我国进入社会主义建设阶段。农村土地在集体所有基础上，由人民公社、农业生产大队与生产小队三级经营。虽然生产小队是与农民联系最密切的集体经营单位，但生产小队没有经营权，在农村土地上经营什么、种植什么完全根据上级的行政指令。这一时期是农民的使用权被剥夺、被收回的阶段。[②] 在这两个阶段中，农村土地产权实质上被转变成土地公有。在这种土地产权关系中，国家利用农村集体经济组织模糊的经济性质和政治地位，并以农村集体经济组织为轴心，灵活而频繁地调整土地使用权与所有权之间的关系。[③]

（3）家庭联产承包责任制（1979 年至今 ）

人民公社化后期，在安徽小岗村，一群填不饱肚子的村民，冒着坐牢的危险，在一张把土地私自分配到户的纸上按上了自己的手印，从此揭开了家庭联产承包责任制的序幕。不过，连他们自己也没有想到的是他们的这个“叛逆”行为竟会石破天惊，成为引发中国农村经济管理体制改革的先声。[④] 随后，家庭联产承包责任制在争论中不断向全国推广。1982 年 1 月，中共中央在批转《全国农村工作会议纪要》时指出，当前农村各地实行的包产到户、到组，包

---

① 李文 .21 世纪之约——中国土地制度的昨天今天和明天［M］. 延吉：延边大学出版社，1997：86.

② 文宗瑜. 从 60 年历史看农村土地产权制度改革的目标［J］. 中国投资，2008（9）：25.

③ 李全伦. 我国农村土地产权关系变迁：基于两权分离理论的解释［J］. 宏观经济研究，2009（9）：60-64.

④ 崔常发，谢适汀. 纪念新中国成立 60 年学习纲要［Z］. 北京：国家行政学院出版社，2009：162.

干到户、到组，联产到户、包工定额计酬和专业承包联产计酬责任制等，都是社会主义集体经济生产责任制。1983 年中央又下发文件，指出家庭联产承包责任制是我国农民在党领导下的伟大创造，是马克思主义合作化理论的新发展。到 1983 年年初，全国农村已有 93%的生产队实行了这种责任制。至此，家庭联产承包责任制在全国基本确立。

1991 年 11 月，中共十三届八中全会通过的《中共中央关于进一步加强农业和农村工作的决定》，提出把以家庭联系产量承包为主的责任制、统分相结合的双层经营体制作为我国农村集体经济组织的一项基本制度长期稳定下来，并不断充实完善。

2002 年 8 月，为稳定和完善以家庭承包经营为基础、统分结合的双层经营体制，赋予农民长期而有保障的土地使用权，维护农村土地承包当事人的合法权益，促进农业、农村经济发展和农村社会稳定，《中华人民共和国农村土地承包法》（以下简称《农村土地承包法》）颁布，并于 2003 年 1 月 1 日起正式施行。

在家庭联产承包责任制实施伊始，法律对土地的承包年限规定较短，一般为 3~5 年；1984 年，根据中共中央文件精神，土地承包期延长到 15~20 年；到 2003 年《农村土地承包法》颁布实施时，土地承包期限再次延长到 30 年；2008 年 11 月召开的中国共产党十七届三中全会通过的《中共中央关于推进农村改革发展若干重大问题的决定》提出了农村土地承包经营权要长久不变的方针。

随着农业税费的取消和粮食补贴的实行，农民不需要再缴纳农业税费，"联产"就丧失了其存在的意义，家庭联产承包责任制现在已演化为家庭承包经营责任制。

2. 农村土地承包经营权的内涵

农村土地承包经营权又称为家庭承包经营权，是指农民在土地集体所有制下，按照"人人有份，户户种田"的原则承包本集体所属的土地。农民承包权的取得基于两方面的要求：一是实行土地集体所有制，本集体成员天然享有本集体土地中属于自己的一份权利。周其仁和刘守英（1998）将其称为"社区成员权"，非社区成员不能分享该社区的土地。二是农民在取得承包权的同时，必须承担国家税收以及对集体缴纳租金的义务。若承包者不能实现后者的义务，则农民的承包权将会被取消。① 现在，由于取消了农业税和对集体缴纳

---

① 郑景骥. 中国农村土地使用权流转的理论基础与实践方略研究［M］. 成都：西南财经大学出版社，2006：26.

租金的义务，第二方面的要求应该改为农民必须按照法律的要求来耕种、保护或者流转其承包的土地，培植肥力，并承诺不改变土地使用属性。满足了这两个方面的要求，农民才能获得土地的家庭承包经营权。

农村土地承包经营权是由一系列权利束构成的。

首先，法定的承包权。《农村土地承包法》第五条规定，只要是农村集体经济组织成员都有权依法承包属于本集体经济组织发包的土地。无论任何组织与个人不得非法限制和剥夺农村集体经济组织农民承包土地的权利。同时，《农村土地承包法》在第六条中又规定，在农村土地承包中，妇女同男子享有平等的权利。应当保护妇女的合法权益，无论任何组织和个人都不得剥夺、侵害妇女所享有的土地承包经营权。对于本集体经济组织成员以外的组织和个人承包的，《农村土地承包法》在第四十八条中规定，应事先经过本集体经济组织成员召开的村民会议三分之二以上成员或三分之二以上村民代表的同意，并且报乡（镇）人民政府批准。这表明本集体经济组织成员的土地承包权是由法律规定的，农村集体经济组织的成员只要愿意并符合相关规定，就具有承包经营土地的资格，应该依法获得农村土地承包经营权。

其次，占有权。承包经营者有对集体所有、自己承包的土地进行实际支配、控制的权利。占有权是承包经营者实现使用、收益等其他权能的基础。但承包经营者拥有土地的占有权并不意味着在承包期内必须一直实施直接占有，如将土地转包和出租，使土地由受让人占有，但承包经营权人仍可间接占有其承包的土地。① 有人把抵押也作为承包经营权的一部分。由于经营者对通过抵押获得的贷款如果不能按期偿还，其承包的土地就有可能被收走，便会丧失承包经营权。对此，学者之间还存在着一些分歧。

最后，自主经营权和收益权。我国《农村土地承包法》规定，拥有承包地的农民有权自主决定组织生产经营和处置产品，乡村集体经济组织不能干涉承包户的生产活动，还应尊重承包方生产经营自主权，不得去干涉承包方依法进行正常的生产经营活动；承包地被依法占用、征用的，农民有权依法获得相应的补偿。对于承包地，农民有权根据自己的意愿进行经营；而且在不改变土地集体所有性质及使用性质的情况下，承包户还有权进行代耕、出让、出租、入股和互换和其他法律允许范围的流转。

由农村土地承包经营权的内涵可以看出，其有以下几个特点：

（1）农村土地承包经营权权属设立的主要目的是在所有权属于他人，而

① 邵彦敏. 中国农村土地制度研究［M］. 长春：吉林大学出版社，2008：186.

经营权属于自己的分权模式下进行农业生产，提高农民的生产积极性，提高农业产量，增加农民收入。承包土地的农民，在不改变农业用途的情况下，可以在自己承包的土地上从事任何种类的种植、养殖和其他农业生产；也可以突破传统的农业生产方式，为农业生产修建必要的水利设施，进行田地改造，培植肥力。这体现的是在两权（即所有权和使用权）相分离的情况下，使农民获得生产自主决定权，改变以前大锅饭的局面。

（2）农村土地承包经营权是建立在农村土地集体所有和国有土地使用权基础之上的，是农民对集体和国有土地所有权使用的一种法律形式。土地承包经营没有改变土地的公有性质，在其使用过程中或者进行流转时也不能改变其所有权性质，只是在土地所有权不变的情况下把土地经营使用权分离出来。土地集体所有或者国有性质是绝对的，破坏了这个，也就破坏了农村承包地经营权的根基。

（3）农村土地承包经营权是一种衍生的权利。这种衍生是建立在土地经营权相对于所有权可以独立存在的物权性质上的。土地是承包经营合同中的标的特定物，承包人通过承包经营来获得它，并进行耕种来取得收益。而且在土地承包经营合同的有效期内，任何人（包括土地所有权人）都没有妨害承包人行使其法律规定的权利。当自己的承包权益受到损害时，承包人有权依法来维护自己的权利不受侵犯。当土地承包合同期限届满后，土地再进行承包时，原土地承包者与竞争对手在同等的条件下，享有优先权。①

（4）土地承包经营权的主体是从事农业生产的农民或组织。《农村土地承包法》第三条规定了农村土地承包采用农村集体经济组织内部家庭承包方式，对不宜采取家庭承包的荒山、荒沟、荒滩和荒丘等农村土地，可以采取拍卖、招标、公开协商等方式承包。同时，亦允许非本集体组织成员的单位或个人承包集体所有的土地，但需履行一定的程序。② 由此可以看出，我国土地承包经营权的主体是农民或者从事农业生产的组织。农村承包经营权对主体的规定，着眼点是使农村土地保持其使用性质不被改变。

（5）土地承包经营权的客体是集体所有或国家所有由本集体组织使用的土地。我国《农村土地承包法》第二条就规定了农村土地是农民集体所有和国家所有依法由农民集体使用的耕地、草地、林地，以及其他依法用于农业的土地。在本条规定中，首先，农民本集体所有的土地是承包经营权的客体；其

---

① 唐河，姚志林. 新土地管理法实务全书［M］. 北京：西苑出版社，1998：81.

② 白非. 物权法例论［M］. 北京：法律出版社，2005：209.

次，不是本集体农民所有，而是所有权属于国家，但依照法律由本集体组织使用的土地；最后，其他依法用于农业的土地主要包括农田水利设施用地、水产养殖用地和可以开发为农业所用的“四荒地”等。由此可以看出，农村承包经营权的客体是主要用于农业的集体或国有土地，而不是农村宅基地和农村集体建设用地。

3. 农村承包地产权模糊化

对农地产权模糊化，罗必良曾从公共领域的视角进行过专门的论述，在此笔者予以借鉴。他认为无论是在所有权层面还是在产权层面，都存在着所谓的“公共领域”，一般可以分为法律、技术与政府行为及所有者行为能力所导致的三大公共领域。模糊产权是一类由政府有意制造的“公共领域Ⅲ”和通过限制行为主体能力所形成的“公共领域Ⅴ”。政府天然地具有产权模糊偏好进而模糊产权的倾向。① 在我国农村承包地产权制度安排中也不例外。而且，农民家庭获得承包经营权与土改中农民获得私有土地权一样，依然是通过国家强制的制度安排而不是通过市场途径。这就使得现行的农村承包经营制度仍然存在广泛的公共领域及其产权被模糊化的可能。② 而事实上，我国农村承包经营权，无论是从法律与技术，还是从政府行为上都印证了产权模糊化这一特征。这也造成了在农民土地承包经营权使用中，其无法摆脱政府“名正言顺”地为了公共利益而对农民的承包经营权进行征用的阴影。

2.2 农村承包地流转的市场理论

2.2.1 市场理论的基本要义

市场是商品交换的场所和纽带，它既包括有形市场，也包括无形市场。有形市场是指买卖双方为了买卖和转让商品与获取服务而进行价值交换的活动场所；无形市场是指商品没有固定的交易场所，交易双方靠广告、中间商以及其他交易形式的媒介，寻找货源或买主以实现商品的买卖。在此，买卖或交换的实现过程就是市场。市场包括三方面的特征：①市场是商品交换关系的总和。市场体现的是商品与货币的交换关系。市场上的全部买卖活动，都涉及市场交

---

① 罗必良. 公共领域、模糊产权与政府的产权模糊化倾向［J］. 改革，2005（7）：105-113.

② 罗必良. 现代农业发展理论：逻辑线索与创新路径［M］. 北京：中国农业出版社，2009：164.

换活动的直接参加者和相关者的利益，在物与物相交换关系的背后，存在着买者与卖者之间人与人之间的关系。[①] ②市场是商品供给和需求双方相互作用的总和。商品供求双方在不同的市场环境下，其力量表现有所不同。如果卖方在市场上处于主动地位，就是卖方市场；而如果买方处于主动地位，就是买方市场。③市场是一种经济调节机制和手段。在市场经济中，市场在社会再生产过程中处于中心环节，整个社会的经济活动都是由市场联结起来的，生产、交换、分配、消费都需要通过市场来实现。市场运用其内在的竞争机制、价格机制与供求机制等调节着人们的生产经营活动。

市场由三部分组成，即市场主体、市场客体和市场中介。市场主体是在商品交换中有目的、有意识的能独立地进行决策的经济人。市场客体是市场活动中交易的对象，即商品和劳务。市场上的商品可以分为用来消费和用来生产的资料；市场上的劳务也分为用来消费和用来生产的劳务。市场中介组织是指依法成立的进行自我管理，在市场主体间沟通、联系的社会组织。它是社会分工不断加深、市场经济发展的必然产物。市场中介组织主要包括中介交易机构、法律性质的服务监督机构和行业性质的社会协调组织等。尽管其类型不同，但都有以下共同特点：具有较强的独立性，多数经费自理，自由度较高；组织结构松散、规模小，但联系广泛；职能灵活多样，具有较强的社会适应能力；成员素质一般较高，多数要靠自己的力量来生存和发展。[②] 随着市场经济的发展，市场中介组织成为市场经济健康运行的一个必不可少的组成部分。

由此可见，市场理论的基本要义蕴含着在一个自由竞争的环境中，主体选择的自主性和相互之间围绕着各自利益最大化所进行的博弈，以及客体的多样性，与中介服务组织的完备性。这是健全的市场机制发挥基础性作用的基本要求，也是必备条件。

2.2.2 农村承包地流转市场

1. 农村承包地应该按照市场经济的要求流转

首先，农村承包地流转中有市场经济所要求的参与主体。农村承包地流转中的当事人都是利益最大化的个人或组织，有权对自己的行为进行决策。尽管现在承包地的流转还处在初始阶段，一些流转还没有按照市场价值的要求交换。但随着流转由自发向自觉转变，越来越多的流转主体会按照等价交换的原

① 宋玉昆，吕兆福. 市场理论［M］. 大连：大连理工大学出版社，1989：2.

② 周白茹，李渌岩. 现代经济学教程［M］. 北京：气象出版社，1998：117.

则进行土地流转。其次，农村承包地流转可以划定市场所要求的客体。承包地流转体现的是在所有权属于集体或国家的基础上，在承包权不变的条件下，经营使用权属于受让方“三权分离”的一种特殊的土地使用模式。这不同于发达国家或地区的土地私有或者国有经营，是我国农村土地采取家庭承包经营责任制的产物。最后，农村承包地流转可以按照市场经济要求搭建流转的平台。由于可以把承包地中经营使用权从权利束中分离出来流转，流转市场具有了明确的标的物。这样就可以按照市场运行的要求，为这些标的物交易提供必要的服务，搭建流转的中介平台。

2. 农村承包地流转市场的内涵

农村承包地流转市场是承包经营权进行交换的场所和纽带，可以分为有形市场和无形市场。有形市场是承包经营权进行转让的活动场所；而无形市场是没有固定场所，流转双方依靠网络信息平台作为交易的媒介，寻找承包经营权出让方和受让方的买卖活动。

3. 农村承包地流转市场的构成要素

农村承包地流转市场的构成也和其他市场一样，包括市场主体、市场客体和市场中介。

承包地流转的市场主体是流转利益的各个参与者。其主要包括：①进行流转的承包方，这是市场中“商品”的供给方，其是否愿意流转是市场有没有可供出售“商品”的前提。②通过流转获得土地的受让方，这是市场中的需求方。受让方可以是农户也可以是从事农业的组织，其是否愿意通过流转获取承包经营权是流转市场中“商品”能够实现买卖的必要条件。③村委会或乡镇政府（或集体经济组织），这是承包地所有者，属于发包方，一般是村委会，也有些是乡镇政府（或乡镇经济组织）。④乡镇土地以及市县农业进行土地流转的管理部门，这是对承包地流转备案，监督和管理流转规范进行管理的机构。

承包地流转市场的客体是农村土地承包经营（使用）权。由于农村中机动地、自留地具有和承包地相同的农用性质，这两种土地使用权流转也应该参照承包经营权流转，它们也应属于承包地流转市场客体的一部分。

承包地流转市场中介是承包地经营（使用）权转让的各种交易机构、咨询机构、评估机构和信息服务机构等，主要包括各种承包经营权交易中心、法律中心、承包地评估机构和信息平台等。

2.3 农村承包地使用弱势理论

2.3.1 农村承包地使用弱势的内涵

农村承包地使用弱势包含两层含义，一是在使用上，承包地在农业用途和非农用途之间，以及农业用途内部种粮和种植经济作物或者养殖等之间，在利润上存在很大差异，致使农村承包地在比较效益上处于不利地位。农业的弱势性不同于农业的弱质性。曾庆芬（2007）认为农业的弱质性与弱势性是不同的概念。① 农业的弱质性是农业的根本特性，是农业与生俱来的、与社会经济中其他产业相比不利的秉性。这种不利的禀赋是在经历时代变迁与科技进步后依然没有根本改变的属性。而农业弱势性是由于受到各方面主客观因素作用，农业同经济社会中其他产业发展不一致，造成农业处于劣势的一种状态。二是在权属上，承包地属于模糊产权，农民经营使用权不稳，承包经营权的排他性较差，容易受到外来势力的干预。

2.3.2 农村承包地使用弱势的成因

1. 农村承包地使用弱势的成因

温琦、徐妍（2007）认为农业具有先天的弱势性。这种弱势性是农业自身所具有的天然特征。② 他们认为，第一，农业的生产对象是具有生命力的生物有机体，无法避免自然环境对其生长的影响。自然环境的变化同农业生产息息相关，自然界的任何改变都可能会影响到农业生产过程，使得农产品产量和质量不断地处于频繁的波动中，也使农业对外界的抵抗力较脆弱，很难摆脱自然风险的影响。第二，农业受市场风险影响。由于农业生长周期长和农产品的需求收入和价格弹性比较小，农业生产者很难在作物的生产周期内根据市场行情变化来随时地调整播种面积。其生产的决定往往是根据往年的行情来进行的，这就使得农产品产量与价格构成了发散的蛛网模型，促使产量与价格经常处于一种不断调整的状态，经常会同市场需求不一致，因此，农业生产隐藏着很大的市场风险。第三，农业经济效益差、收益低。由于农业的生产周期长，

---

① 曾庆芬. 农业的弱质性与弱势性辨析 [J]. 云南社会科学，2007（6）：94-97.

② 温琦，徐妍. 我国农业的双弱性及其农业支持途径 [J]. 仲恺农业技术学院学报，2007（4）：50-55.

资本投在农业上的回收期要比投在其他产业上的长，而且农业投资多数是在露天环境中进行的，这就使农业流动资产的损失较大，如农药、化肥等很容易被雨水冲蚀，致使农业经济效益总体不高。第四，农业科技进步难度大。由于农业生产周期长，又受季节性和地域性限制，农业新技术推广和农业科技的实施时常受阻。而且农业科研成果具有较大的公益性、共享性以及非排他性，这就使农业科技的知识产权很难得到保护，在一定程度上也抑制了农业科技的进步。第五，由于农业投入受规模限制和生产边际报酬递减规律的影响，再加上土地资源非常有限，农业在规模扩大上受到很大限制，想扩大再生产较难。

同样，在承包地农业使用内部，种粮与经济作物种植及养殖上也存在着巨大的差异。笔者根据对皖北农村的调研发现，一亩地如果夏季种植小麦，按平均亩产量450千克计算，秋季种植玉米，按平均亩产量500千克计算，除去种子、机械播种、化肥、农药、机械收割等，再加上人工费，纯收益所剩无几；假如遇到自然干旱或者水涝，收益就可能变为负值。而如果把承包地用来种植大棚蔬菜或者用来进行养殖，除去各项成本之后，一亩地的收益至少可以上千元。根据国家发展改革委员会价格司的统计，2008年，我国各地区小麦每亩家庭用工天数是6.02天，劳动日工价为21.6元，家庭用工折价130.03元，再加上每亩种子、化肥、机械等花费，每亩物质与服务的平均费用是278.69元；每亩早籼稻的生产成本是532元，物质与服务费用为329.39元，人工成本为202.6元，总成本是619.92元，总产值合计791.24元，每亩的净利润是171.32元。而如果种植蔬菜，2008年我国大中城市蔬菜的平均总成本是2 216.08元，产值合计4 097.77元，每亩的净利润可以达到1 881.69元。① 显然种植蔬菜的收益要大于种植水稻。

当然，由于各地的地形、土壤和气候条件存在差异，各地在收益上会有一定的不同。对一亩地种粮到底能够获得多少利润，张箭鸿（2008）在跟踪调查的基础上，对四川省内江市东兴区田家镇的9户农民2007年种植小麦、水稻和玉米的成本、产值、收益进行了分析。② 他通过分析发现，生产成本分别是小麦539.2元/亩，玉米630.47元/亩，水稻718.51元/亩；亩产值分别是小麦202.27元/亩，玉米457元/亩，水稻602.25元/亩。尽管国家加大了对种植粮食的补贴力度，但加上国家补贴之后，亩纯收入仍然为负值，每亩小麦亏损286.93元，每亩水稻亏损62.5元，每亩玉米亏损123.3元。

---

① 国家发展与改革委员会价格司．全国农产品成本收益资料汇编——2009［Z］．北京：中国统计出版社，2009：88．

② 张箭鸿．2007年种粮效益分析［J］．中国乡村发现，2008（1）：32-34．

另外，承包地主要用于农业用途。承包地在农业和非农用途之间具有巨大的利润差异，致使农村承包地易于转为非农用地。农村承包地转为非农用地比较容易，而非农用地要改变为农业用地则异常困难，特别是已用于建筑的土地，很难改造为农业用地。

2. 农村承包地使用权弱势的成因

农村承包地使用权弱势，一是源于产权的模糊性。由于我国不同法律对农村集体组织或集体经济组织界定存在差异，因此无法避免地会出现所有者的混乱。权属的排他性较差，因此农民就无法摈弃外来势力的干预，使其承包经营权处于不稳的状态。二是由承包地的分散性所致。农村承包地分散到各家各户，承包经营权属于每个村民。这种零散狭小的地块使用权，在农村缺乏真正代表农民利益的微观经济组织时，就会使农户的谈判能力弱。特别是当地方政府要改变土地的权属和使用性质时，农民则处于弱势的地位，缺乏与政府平等讨价议价的能力。

农业是国家的经济命脉，农业的稳定关联着人民的温饱。世界上不断出现的粮食危机也不断证明了粮食问题关系到国家的经济安全。而土地是粮食生产必需的生产要素之一。但由于承包地的农业用途存在着弱质性和弱势性，农业用途和非农用途之间又存在着巨大的利润差异，所以承包地在使用或流转过程中易出现“非粮化”和“非农化”的倾向。

2.4 农村承包地流转与粮食安全理论

2.4.1 粮食生产与耕地利用

1. 粮食的概念与特点

粮食是人类生存的必需品。尽管对于粮食的定义，不同组织和学者界定的内容也有所差异，但其基本内涵都与满足人类生存所需要的食物相联系。如联合国粮食和农业组织（Food and Agriculture Organization of the United Nations）把粮食定义为谷物，主要是指小麦、稻谷和粗粮，粗粮主要指玉米、高粱和大麦等。而我国把粮食定义为各种主食物的总称。按照我国传统的解释，粮食概念有广义和狭义之分。狭义的粮食指谷物类，广义的还包括豆类和薯类。这个概念的形成，有一定历史成因。中华人民共和国成立初期人均谷物产量很低，需要实行高度集中的统购统销政策，因而把有助于实现温饱水平的豆类、薯类也加入谷物产量中加以统算，以确保人人有饭吃的低标准“粮食安全”。因此，从1953年起，国家修改农业统计口径，以后国家统计局每年公布的粮食产量均按这个广义粮食的口径计算。自20世纪90年代起，国家统计局的年报、统计年鉴和统计摘要，均在粮食总产量的栏目中，另列谷物总产量指标，但一般公开采用的仍是包括豆类、薯类的广义粮食口径。① 由此可以看出，无论粮食内涵如何变化，其最主要的构成仍是谷物、豆类和薯类，差别在于统计口径不同，以及是否把豆类和薯类也放在粮食范畴之内。

在市场经济社会，粮食也不例外，是商品，又是特殊商品，还具有公共产品性质，富有多种功能。普通商品价格受市场供求关系的决定，需求和价格呈负相关变化，供给和价格则呈反向运动。而粮食需求价格弹性小，供给的价格弹性大：生产多了，就会出现“卖粮难”，谷贱伤农；生产少了，粮食价格过分上涨，消费者难以承受。这样，粮食价格不仅受到价值规律支配，还受到政府宏观调控的影响。后者起到平抑价格、使粮食市场稳定的作用。从公共产品的角度看，粮食是社会存在的必需品，属于国家的经济战略物资。粮食生产效益不能只看到经济效益，更重要的是其社会效益，它的受益对象是国家的每个社会成员。粮食生产通常具有经济效益低，社会效益高的特点，粮食具有基础性公共产品的特征。而且，粮食还兼有社会、经济、文化和生态文明融为一体的多功能。生产粮食的农业拥有食品保障、生态保护、原料供给、文化传承和观光休闲等功能。农业不只是生产者的劳动之地，也是消费者的休闲之所。粮食生产与国土整治、环境工程、动植物保护等息息相关，具有稳定生态、保护自然、促进人与自然和谐共处的功能。② 这些都是其他产品所不具有的，是粮食生产独有的特性。

2. 粮食生产与耕地利用

我国粮食产量在改革开放后有了很大的提高。1978年，我国粮食总产量是30 477万吨，到2009年已经达到53 082.10万吨。但从1990年到2009年这20年期间，我国粮食产量经过了几个波动期。1991年产量是43 529万吨，比1990年的44 624万吨下降1 095万吨；1994年比1993年的45 649万吨下降1 139万吨；其后在1997年、2000年又经历了下降，特别是2000年的下降，一直到2003年下降到最低点43 070万吨后才逐渐回升。具体如图2-1所示。

---

① 丁长发. 农业和农村经济学［M］. 厦门：厦门大学出版社，2005：106-106.

② 万宝瑞. 我国粮食安全的几个问题［J］. 沈阳农业大学学报（社会科学版），2010（1）：7-10.

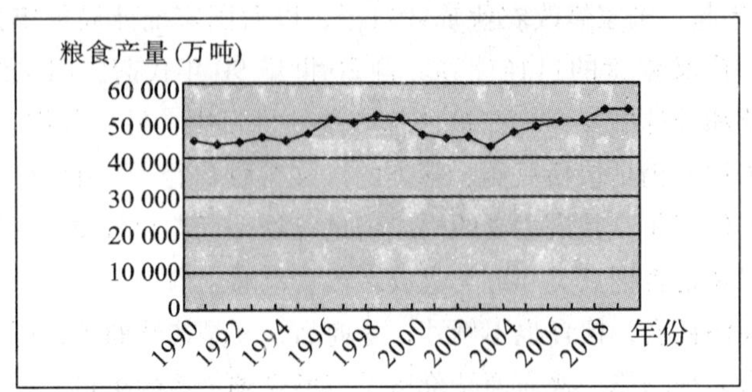

图 2-1　1990—2009 年我国粮食总产量图

数据来源：中经网统计数据库。

伴随着城市化进程的加快，我国耕地面积减少量也很惊人。2005 年的耕地面积同上年比较减少 0.054 亿亩；2006 年保有量同 2005 年的保有量相比较又下降 0.046 亿亩；到 2007 年和 2008 年减少虽然有所减慢，但 2008 年仍减少了 0.002 9 亿亩。这种放慢是与国家再进行土地整理分不开的，如果不算上土地整理恢复的耕地，减少的耕地会更多。

从耕地的保有量上来看，2000 年我国有耕地 19.236 4 亿亩，2002 年开始下降到 19 亿亩以下，到 2008 年只有 18.257 4 亿亩。从图 2-2 可以看出我国耕地的变化趋势。

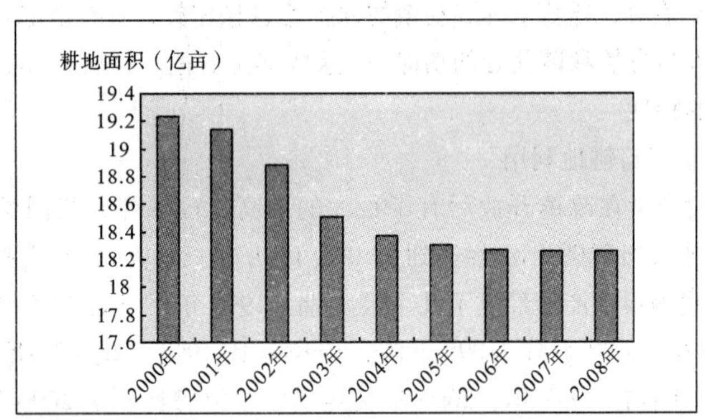

图 2-2　2000—2008 年我国耕地面积图

数据来源：根据中国国土资源统计年鉴整理。

由以上可见，我国耕地面积在逐年减少，而粮食产量并没有存在长期增长的趋势。耕地是社会经济可持续发展的一项战略资源。耕地不仅能生产粮食和农产品，还具有生态与观光的功能。耕地面积的减少，也就意味着粮食产量的减少和生态环境的恶化。[①] 而根据专家预测，我国人口到2030年将会达到最高峰16亿人。这期间国家如果在耕地保护上还是“风声大，雨点小”，将会直接危及我国粮食安全。

2.4.2 粮食安全理论

粮食生产受多种因素的影响，包括：政策因素，即农村采取什么样的土地制度，国家确定的粮食收购价格，粮食流通体制，以及农业结构调整；价格因素，即粮食价格及其政策是影响粮食生产的主要因素之一；科技创新，即技术进步是粮食单产提高的主导决定因素；资源环境及其条件，包括土地、气候、灌溉条件等，都是粮食生产必需的要素；进出口因素，也是影响粮食生产的一个原因。[②] 这些影响因素，既包括自然成分，也包括经济和社会成分。其中，适合粮食生产的耕地多少对粮食生产具有根本性的影响。

由于粮食生产对自然的依赖性较强，生产周期长，又加上农业的比较效益低，如果处理不好，就会出现粮食安全问题。

粮食安全概念是由联合国粮食和农业组织于1974年的11月召开的第一次世界粮食首脑会议上发表的《消除饥饿和营养不良世界宣言》及《世界粮食安全约定》中首次提出的。它把粮食安全界定为“任何人在任何时候都能够得到生活和健康所必需的足够食物”。这个界定充分体现保障人类生存权的重要性。历经几十年的发展，人们对粮食安全的概念也在不断地丰富与充实，但是作为保障人类最基本生存权的内涵却始终未变。[③] 现在粮食安全已是一个国家必须关注的问题，特别是2008年的世界粮食危机后，粮食安全再次给人们敲响了警钟。

粮食安全关联着一个国家的经济安全和国家安全。确保粮食安全是政府最基本的职责，也是政府能否获得民众支持的一个关键，这已成为检验政府执政能力的一个标尺。政府对粮食生产、储藏和流通领域进行干预，调节粮食市场的运行，保证粮食安全，更是各国普遍的做法。为了维护粮食安全，政府干预行为必要性的理论分析视角有两个：其一，强调粮食安全的公共物品属性决定了政府保证粮食安全责无旁贷；其二，强调粮食市场的缺陷，客观要求政府采

---

① 卢新海，黄善林．我国耕地保护面临的困境及其对策［J］．华中科技大学学报（社会科学版），2010（3）：79.

② 陈佳贵．中国经济研究报告（2005—2006）［M］．北京：经济管理出版社，2006：272-280.

③ 王学真，公茂刚．粮食安全理论分析与对策研究［J］．东岳论丛，2006（6）：68-69.

取干预措施，保证粮食安全。[①]

2.5 农村承包地流转机制创新的理论框架

农村承包地流转的产权理论和市场理论主要是为构建市场化流转做的理论铺垫。产权理论要求权属清晰，不能有模糊和权属不清；而市场理论要求市场主体能够具有自己进行经济决策的自由，且这种自由不受外界势力干扰。产权明晰和市场决策自由，就必然演绎出在承包地流转过程中，农民应具有决策自主性，是否流转决定权在自己。

农村承包地弱势性包含着使用和权属的双弱势。承包地使用的弱势性，就易于在流转中背离农业或者种粮方向，影响国家粮食安全；权属弱势，就会使农民承包地面临被征用的危险，易于引发农民上访和群体性事件。近几年不断发生的强征农民承包地案件就是例证。这在危害到国家 18 亿亩耕地红线的同时，也影响了社会安全。由此，从粮食安全、经济安全和社会安全的立场，都要求承包地必须按照安全性流转。

农村承包地流转的目的是什么？就是通过流转能达到生产要素的优化配置，通过流转提高农业产量及增加农民收入，实质就是使农村承包地的产出效益和社会效益都有所提高，这也是农村承包地流转的根本目的。

由此，本书的理论框架应是农村承包地流转的“三性理论”，即农民决策自主性，承包地使用和流转安全性，以及通过承包地流转应带来的效益性。在“三性理论”中，自主性是前提，没有这个前提，安全性和效益性都将失去意义；安全性是保障，通过对承包地使用权和使用性质的保护，确保流转按照国家提出的目标来进行；效益性是目的，农村承包地流转中的自主性和安全性，其最终目的都是取得最佳的经济和社会效益。

理论框架如图 2-3 所示。

---

① 上海财经大学世界经济发展报告课题组. 2008 世界经济发展报告：全球化、区域经济与世界热点问题［M］. 上海：上海财经大学出版社，2009：417-418.

承包地流转中
决策的自主性
农村承包地
流转的安全性
前提
保障
促进我国农村
承包地健康有
序地流转
目的
农村承包地
流转的效益性

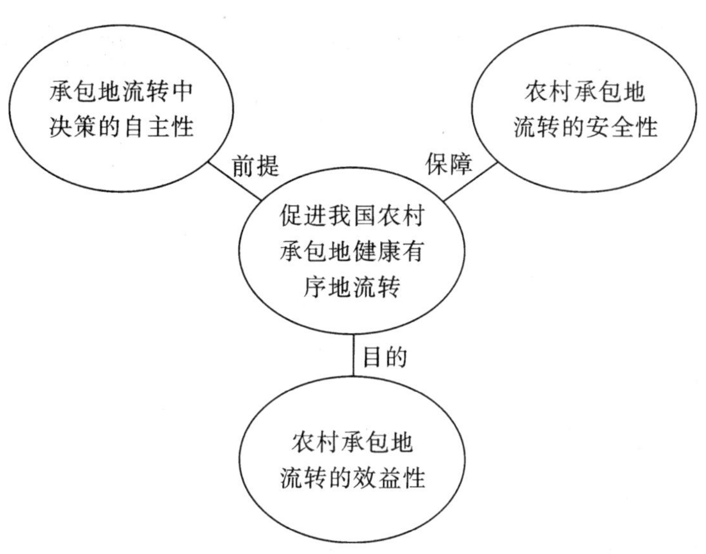

图 2-3 理论框架图

3 农村承包地流转的实践及其考量

3.1 农村承包地流转的诱因

农村承包地流转有其相应的内部和外部环境。从外部环境看，我国改革开放是一个对市场经济体制不断探索的过程，无论是党的十一届三中全会、十二届四中全会和十三大所通过的决议，还是十四大最终确立要建立社会主义市场经济体制，都围绕着这一主题。而适合自己的发展道路，关键的是能使生产要素达到优化配置。我国是一个农业大国，农业人口占绝大多数，农业的核心生产要素是土地，土地能否达到优化配置关联着农业现代化水平的高低、农民收入的增减和新农村建设进程的快慢。为此，农村土地政策也有一个逐渐放活的演变。从内部环境来看，当农民解决了温饱问题以后，就开始寻求新的发展目标，而当时仅靠耕作土地，显然收入增加有限。要突破这个瓶颈，就必须到其他行业、地方寻求新的出路，外出务工就成为农民的首选。由此，农村承包地流转主要有以下几个方面的诱因。

3.1.1 农业经营规模的扩大

农村实行家庭联产承包责任制后，在生产经营上采取一家一户的小农生产模式。这种生产模式有一定的好处，能够调动农民生产积极性，改变了吃大锅饭时期的窝工、偷懒现象，而且使农户可以根据自己的意愿进行经营。在实行家庭联产承包责任制的最初十几年里，粮食产量提高很快，由 1978 年的 30 477 万吨增加到 1990 年的 44 624 万吨，但这以后粮食产量就出现了徘徊不前的局面，到 1994 年减少为 44 510 万吨。[①] 这与家庭小农经营的局限性有关，

---

① 国家统计局. 中国统计摘要——2009 [Z]. 北京：中国统计出版社，2009：127.

家庭小农生产，很难抵御自然风险。改革开放前所建设的农田水利设施，随着时间的推移有些被毁坏。而且每家都有几块地，又相当零碎，很难利用大型农业机械进行生产。

农业规模经营是现代农业发展的大趋势。规模经营可以使用现代大型机械进行耕作，提高劳动效率，降低成本、增加产量。特别是在市场经济环境下，农业生产目的不只是自己消费，更主要是在市场上出售农产品，满足他人的需要。因此，农产品不仅要看产量，还要看质量。品质优良的农产品才能适应市场经济的要求，才具有竞争力。

因此，随着农业经营规模的扩大，必然要求土地从一家一户经营到相对集中的现代农业发展转变。

3.1.2 二、三产业发展与农村剩余劳动力转移

1. 二、三产业发展

地少人多是我国农村的基本现状。2007 年，我国农村家庭平均每人只有 2.16 亩耕地，而且各地区状况相差也很大，越是人口稠密的地区，农村人均耕地越少。如黑龙江农村人均耕地为 11.18 亩是上海的 0.30 亩的 30 多倍。[①] 为了解决农村富余劳力的困境，外出打工就成为许多农民，特别是青年农民的首选。而农民能够外出打工，又和二、三产业能够提供一定的就业岗位分不开。改革开放以来，我国第二、三产业的增加值提高很快。第二产业已从 1989 年的 7 278 亿元增加到 2008 年的 149 003 亿元；第三产业已从 5 448.4 亿元增加到 131 340 亿元。具体如图 3-1 所示。

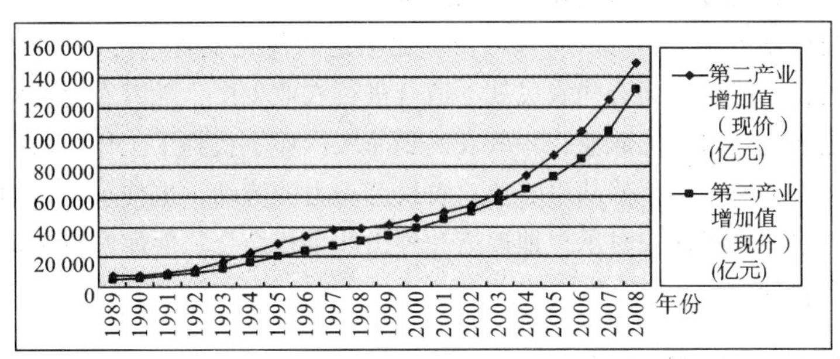

图 3-1 1989—2008 年我国二、三产业增加值

数据来源：中经网统计数据库。

---

① 国家统计局农村社会经济调查司. 中国农村住户调查年鉴——2008 [Z]. 北京：中国统计出版社，2009：285.

二、三产业发展在推动整体经济上升到新台阶的同时，也给农村劳动力转移提供了广阔的空间。二、三产业对促进农业发展具有重要的作用。第二产业可以提供发展现代农业所需的机械，用现代科技装备农业，提高农业的生产效率，解放束缚在农业上的劳动力；而农业发展又为第二产业的发展提供了必要的人力资源。同样，第三产业的发展也是现代经济必不可少的组成部分。发展第三产业有利于提高现代产业市场化水平，可以增强农业的发展后劲，有利于优化生产结构，促进农业生产社会化和专业化水平的提高，反过来又促使农业人口向第二、三产业转移。

2. 农村剩余劳动力转移

我国是一个农业国家，农村人口占绝大多数。20 世纪 90 年代，农村人口占总人口数的 70%以上。① 大量的人口集聚在农业上，但粮食产量并不会因此而相应地增加。在这样的背景下，单独依靠种粮很难使收入有较大的提高，一些有一技之长的农民就外出打工、从事个体经营或兴办企业，而且这种趋势一发而不可止，最终演变成一道独特的风景。

2003 年以前，由于没有实行农业税费改革，有些农户的承包地想流转却不能流转；而且出现了违背土地使用价值规律的现象，把自家的承包地流转给别人耕种，反而还要给受让户一定的补偿，这是当时农村税费负担较重的结果。追求效益最大化是承包地流转的根本动力。马克思认为：“人们奋斗所争取的一切，都与他们的利益有关。”任何形式的劳动力转移，其主要目的都是追求同一目标，即对利益再分配。因此，追求利益是决定转移者有无转移动力的主要因素。由于追求利益是转移者参与转移活动最根本的动力，那么，动力机制的核心就是转移者对利益的不断追求。②

农村劳动力流动，可以使人力资源逐渐达到优化配置。种田也需要技术，有些农民善于经营，而有些农民就不适合进行农业生产。随着农民可以自由地在城乡之间选择自己的职业，一些农民到非农产业上找到了工作，而另一些没有找到工作的农民就仍然从事农业。农村劳动力的流动，也使承包地相应地开始流转。这个过程使农村承包地逐渐和种田能手相结合，促使农村土地资源通过流转重新配置。

3.1.3 城乡统筹的发展

为了解决城乡分割的二元经济社会结构，我国正在采取用城市对农村的带

---

① 国家统计局. 中国统计摘要——2009［Z］. 北京：中国统计出版社，2009：14.

② 刘怀廉. 农村剩余劳动力转移新论［M］. 北京：中国经济出版社，2004：111.

动与辐射的方式，充分发挥工业对农业的反哺与支持作用，建立以城带乡和以工促农的长效机制，促进城乡协调发展；并努力实现城乡空间一体化、城乡经济一体化、城乡人口一体化、城乡市场一体化、城乡生态环境一体化、城乡制度一体化、城乡社会一体化的目标。[①] 为了达到这些目标，改变以前公共财政投入重城市、轻农村的现象，实现城乡基础设施和公共服务的均等化，就要改变乡村的居住格局，使农村由自然村落居住向现代社区居住的方向转变。

在十七届三中全会通过的《中共中央关于推进农村改革发展若干重大问题的决定》中，我国中央政府提出把推进土地承包经营权流转作为今后我国农村的主要工作来抓。这表明我国中央政府已经把农村承包经营权流转作为推进新一轮农村改革的切入点，并试图通过承包地流转以解决当前城乡分治的二元经济社会结构。未来的乡村社会将经历一次史无前例的洗礼。这种洗礼也会促使现代农业的发展，使农业新科技的应用得以推广，使更多的农村劳动力得到解放，从而将为农村承包地流转注入新鲜活力。

3.2 农村承包地流转的现状

当前，我国承包地流转主要以自发为主，流转户到村镇备案的不多。因此，很难对各地的流转数字进行全面的统计，到目前为止还没有全国性的承包地流转统计资料。鉴于此，为了解我国农村承包地流转现状，在2009年的8月到9月，笔者先后多次到农村调研，并在四川、安徽和河北发放了关于农村承包地流转的调查问卷550份，收回有效问卷507份。这些样本户的基本情况如表3-1、表3-2所示。

表3-1　　**样本户家庭基本情况表一**

户主年龄(户数)			户主受教育程度(人)			农户家庭居住地			家庭人口(户数)		
45岁以下	45~60岁	60岁以上	小学及以下	初中	高中	城市郊区	集镇	乡村	3口及以下	4~6口	6口以上
310	156	41	102	352	53	59	46	402	65	381	61

数据来源：根据问卷调查所得。

从表3-1中可以看出，样本户户主年龄在45岁以下的居多；受教育程度主

① 姜作培，李建林．中国城乡统筹发展研究［M］．南京：南京出版社，2003：15-22.

要集中在初中水平；家庭居住地主要在乡村；家庭人口为4~6口的占主要部分。

表3-2　　　　　　样本户家庭基本情况表二

家庭土地类型（户数）			家庭年收入（户数）			耕地主要耕作方式（户数）			家庭承包地亩数（户数）		户主主业（户数）	
平原	丘陵	山区	2 000元/人以下	2 000~5 000元/人	5 000元/人以上	人力	机械	牲畜	10亩及以下	10亩以上	农业	非农
225	251	31	25	416	66	146	282	79	423	84	286	221

数据来源：根据问卷调查所得。

在家庭土地类型中，样本户涵盖了平原、丘陵和山区；家庭年收入多集中为人均2 000~5 000元；耕作方式上人力、牲畜和机械都有；农户家庭承包地亩数多在10亩以下；而且户主主业以农业居多。

由以上可以看出，笔者问卷调查所涉及的样本农户具有一定代表性。在此，笔者通过对问卷调查的分析，同时，再借鉴一些学者对我国农村承包地流转的已有研究成果，对流转现状进行综合剖析。

3.2.1　农村承包地流转的模式与差异

1. 农村承包地流转模式

由于我国地域广大，各地具体情况不一，在农村承包地流转中形成了各种不同的模式，其中最具代表性的有南海的“股份合作”模式、成都的“确权赋能”模式、凤阳小岗村的“农村承包地租赁”模式和温州的“耕地季节性集中”模式等。

（1）南海“农村承包地入股”模式

南海市是全国较早探索农村股份制合作的地区，其改革实验开始于1992年。这与南海发展中如何处理好土地家庭承包制与工业化中征用农村土地建立乡镇开发区困难，及由于土地价格暴涨农民不愿意放弃自己土地的特殊背景有关。南海模式的主要内涵是把股份合作制引入农村土地经营体制，首先推行农村土地股份合作制试点。实行股份合作制时，把以前已经分包到户的土地和集体组织的其他财物统一集中到村集体农业发展股份有限公司，然后再按照年满16周岁以上本集体农业人口分配一股、16周岁以下人口分配半股的标准折股到人。把全部土地集中后，村集体把土地划分成基本农田保护区、商贸住宅区和工业开发区，进行统一开发、统一规划。公司保证按国家粮食当年收购价格的80%每月向每人补助25千克稻谷价款，并且每年给予每股份额400元以上的现金分红。①

（2）成都“确权赋能”模式

“确权赋能”是成都综合配套改革实验区破解农村问题的突破口。“确权赋能”模式的主要内涵是首先使农民明确自己具有一定的“权”，然后使农民知道对自己的哪些“权”能够进行有偿转让。

“确权”就是对农民的土地承包经营权、房屋使用权和宅基地使用权等权能进行完善，并把这些权能还给农民，从而达到权属明晰、权责分明，并且保障农民依法所享有的占有、收益、使用和处置的权利；“赋能”是为了落实农民市场经济的主体地位，使农民所拥有的产权资源能够规范有序、便捷顺畅地流动，并成为各类资本投资到农业上的载体，使农民在增加财产性收入的同时，也可以为农民进入非农产业获得收入、“带产进城”转变成城镇居民创造条件，多渠道地赋予农民致富的不竭动力。通过“确权赋能”，一方面可以对保护农民的权益提供法律依据，使农民获得实实在在的权能；另一方面也为农民把自己所承包的土地进行流转提供了前提。

成都市的“确权赋能”是进行规模化农村承包地流转的先声，是确立农民市场经济主体的基础性工作，具有鲜明的特色。这种做法，主要是为摒弃长期以来政府所形成的“代民做主”的工作方式，通过不断地探索适合自己实际的“产改”模式，有效化解“产改”难题，并通过“产改”，真正地赋予农民当家做主的权利。②

（3）凤阳小岗村“农村承包地租赁”模式

小岗村是我国农村改革的发源地。但在20世纪90年代，在解决温饱问题之后的小岗村民并没有富裕起来，村里的一些基础设施和村民住房还是在省市县各级政府扶持下才建起的。江苏张家港市是小岗村结对支援单位，张家港扶持小岗村民种植葡萄发展经济。江苏长江润发集团出资帮助小岗村建立了一个占地大约600亩的葡萄园，并且给小岗村提供技术指导及每亩500元的资金支持，并负责接收种植出来的葡萄，这就促使农村承包地流转到种植葡萄的农民手中。③ 村民将承包地进行出租，租期10年，每年每亩租金500元。

---

① 马健．南海模式：创新与困局—对南海土地股份合作制发展状况的调查［J］．农村工作通讯，2008（17）：16-17．

② 孙英．探索“确权赋能”之路——成都市A区农村产权制度改革问题与思考［J］．中国集体经济，2009（6）：48．

③ 邓大才．农村承包地流转市场何以形成——以红旗村、梨园屯村、湖村、小岗村为例［J］．中国农村观察，2009（3）：26-35．

2006 年，安徽科技学院的几名大学生在当地政府的支持下，到小岗村租赁农民的承包地种植大棚双孢菇，并带动村民发展双孢菇生产，推动农民承包地流转。同时，2007 年，上海三农公司帮助小岗村建立了一个养殖基地，并送来了 100 多头母猪，带动了 40 多户农民养猪。这个养猪场占地采取的是以 4 000 元/亩的价格一次性租赁 20 年的使用权的方式，使农村承包地得到了流转。①

由此可以看出，小岗村“农村承包地租赁”模式的主要内涵是村民把自己的承包地租赁给结对扶持单位、种植能手和大学生种植葡萄、蘑菇和进行养殖等。

（4）温州的“耕地季节性集中”流转模式

温州是我国经济比较发达的地区，以前农村土地撂荒现象比较严重，为了解决这个问题，温州一些基层组织采取了“耕地季节性集中”流转。“耕地季节性集中”主要内涵是在不改变土地承包权的状况下，对经营权进行部分转让，实质是村民在给一定的劳务和管理费后，由专业农业生产公司进行集中耕种和田间管理。

“耕地季节性集中”就是由村集体承包形成基地，然后再转包给种粮大户进行集中经营。它在操作上具体有“中介机构合同转包”“中转站式转包”和“招投标式转包”三种方式。而且，在温州一些地区，种粮农户只要在农事期间缴纳定额的服务费用，就可通过专业农场、粮食专业合作社和农机专业合作社对粮食生产实行“统一翻耕、统一播种、统一育秧、统一植保、统一收割”的“一条龙”有偿性服务，或者提供某些关键环节有偿服务，从而实现土地耕作社会化服务。② 这种农村承包地流转模式是和温州高度发达的二、三产业分不开的，也是农村承包地流转中的一种创新。

2. 农村承包地流转的地区差异

通过对四川、安徽和河北的问卷调查进行分析，笔者发现：首先，从行政区域划分来看，四川农村承包地流转水平要高于安徽和河北。这与问卷调查中有成都综合配套改革实验区农户有关。在有无流转中介组织和乡村干部对流转的态度如何中，只有成都实验区的农户选择本地有流转中介组织和乡镇干部积

---

① 马玉忠，王吉平，王勇. 六省市农村承包地流转现状调查：并非重返“大集体”[J]. 中国经济周刊，2008（47）：15.

② 蔡玉胜. 现阶段我国农村承包地流转的六种典型模式及其实用性[J]. 调研世界，2009（2）：35-37.

极牵线搭桥，而其他地区多数选择没有听说过有流转中介组织。四川作为全国综合配套改革实验区，一直在探寻城乡统筹一体化的新路子，而农村承包地经营权流转也就成为城乡统筹中的主要切入点，所以四川农村承包地流转的规模相对于安徽和河北要大些。其次，同一省内，不同类型的农村承包地中，山区、丘陵和平原的流转各不相同。相对丘陵和山区，处在平原的承包地流转规模略大于丘陵地区，这与平原地区易于使用农业机械而丘陵特别是山区主要是人力耕种有关。最后，城市郊区农村承包地流转水平明显高于交通不便的偏远地区。在流转的农户中有 35 户是在城市郊区或者小城镇上，这与农户距离城市近，从事二、三产业比较方便，以及在城市郊区农田进行经济作物栽培运输成本较低有关。

3.2.2 农村承包地流转的规模与速度

1. 农村承包地流转规模

对农村承包地流转规模，笔者主要从流转户数和流转数量来考察。从流转户数上看，根据笔者对四川、安徽和河北样本农户家庭的问卷调查，在 507 个家庭中，进行承包地流转的有 81 家，占总数的 16%，没有流转的户数有 426 家，占总数的 84%，如表 3-3 所示。

表 3-3　　农村承包地流转户数表

		频率	百分比	有效百分比	累积频率
有效性	未流转农户	426	84	84	84
	流转农户	81	16	16	100.0
	总样本农户	507	100.0	100.0	

数据来源：根据问卷调查所得。

而且，在流转户中，属于受让户的有 12 户，属于承包户转包的有 69 户。受让户中家里劳动力没有出去，年龄偏大些的居多。在河北和安徽的平原地区是家里具有农业机械的较多；转包户主要以在城市从事二、三产业为主。

从流转面积上看，承包地流转的 81 户农民所拥有承包地约占调查户总面积的 14.5%。

2. 农村承包地流转的速度

在问卷调查中，笔者请农户填写本村承包地流转和前几年相比，数量上是增加还是减少？86%的农户都选择是比以前增加了。其他学者的研究如下：黑龙江省农村土地产权流转制度改革研究课题组（2005）调研显示[①]，在 2005 年的近几年中，黑龙江全省农村土地流转面积占总承包土地面积的 8%左右；同年，李鑫对河南 422 户农户和 262 名乡干部进行问卷调查得出[②]，全省农户承包地流转面积仅占全部家庭承包地面积的 2. 58%，而参与流转农户仅占总农户的 2. 8%；2006 年，蒋正林通过对海盐县农村的调查[③]，发现全县参与流转的农户有 10 983 户，占全县农村家庭承包户的 13. 35%，而承包地流转面积为 11 555 亩，占总承包地面积的 13. 35%。到 2007 年，四川全省农村土地承包经营权流转面积为 627 万亩，约占总耕地面积的 9. 1%。[④] 而笔者通过对四川 264 家农户的调研数据显示，到 2009 年流转的农户已达到 45 户，超过总农户的 18%，流转面积也超过 17%。

由此可以看出，尽管我国各地的农村承包地流转速度不一致，但农村承包地流转都具有逐渐加快的趋势。

3. 2. 3　农村承包地流转的方式与规范

1. 农村承包地流转的方式

在农村承包地流转中，流转方式已越来越多样化。在 81 户流转的农户中，采取代耕方式流转的有 37 户，转包的有 9 户，出租的有 18 户，互换的有 9 户，转让的有 2 户，股份合作的有 6 户。如图 3-2 所示，在这些流转方式中采取代耕方式的居多，采取转让的最少。

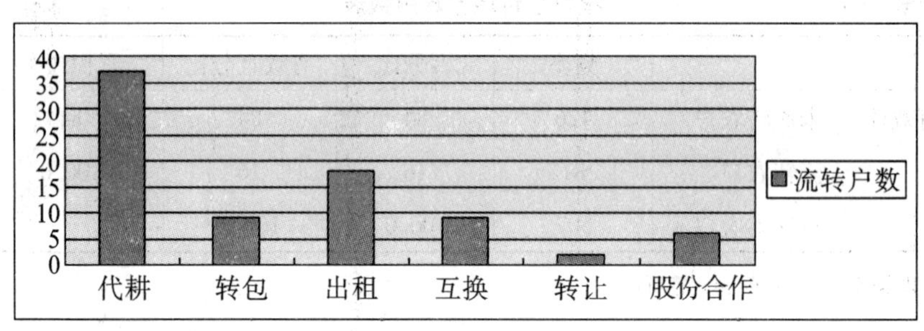

图 3-2　农户承包地流转方式

数据来源：根据问卷调查所得。

---

① 黑龙江省农村土地产权流转制度改革研究课题组. 黑龙江省农村土地承包经营权流转情况调查报告［J］. 北方经贸，2005（12）：23-24.

② 李鑫. 河南省农村土地承包法律政策落实情况的调查与思考——对 422 户农户和 262 名乡干部的问卷调查［J］. 河南农业，2006（4）：44-45.

③ 蒋正林. 海盐县土地承包经营权流转调查［J］. 新农村，2006（3）：25-26.

④ 中共四川省委农办课题组. 对我省农村土地流转情况的调查［J］. 四川改革，2007（12）：26-28.

在这几种流转方式中，代耕明显处于多数。代耕的对象以本村居民居多，其次是自家亲戚；而且较多的农户选择出租方式，出租使农户在土地不致撂荒的情况下，还可以得到一笔收入；流转方式最少的是转让，只有2户。通过调查问卷的其他相关问题可以发现，转让对象是本村亲戚，并且这种转让还是私下进行的，没有到村委会和乡农业管理部门去备案，这可能和办理转让手续比较麻烦有关。由此可见，农村承包地流转方式正向多样化转变。

2. 农村承包地流转的规范

农村承包地流转规范，主要是指流转用途、流转方式和流转合同的签订是否按照国家提出的要求进行。

在流转土地的用途上，通过对农户调查问卷的统计，笔者发现流转中土地使用用途被改变的现象不容忽视。在81户流转的农户中，有15户的流转土地用途发生了改变。而在流转土地是用在种粮还是用来种植经济植物或者养殖上，有20户用来种植经济作物。由此可见，在承包地流转过程中土地用途发生改变的情况非常突出，农业用地的“非农化”和“非粮化”现象严重。

在承包地的流转方式上，根据笔者的调查，在安徽阜阳的个别地方，农户把自己的承包地或者村委会把本村机动地采取“批租”的方式流转，然后办企业的现象依然存在。同时，也有一些地区农户对其承包土地进行抵押，显然这些流转方式是与现行法律、法规相悖的。

在流转合同签订上，笔者发现大多数流转主体之间没有签订承包合同，有些签订的合同也不规范。在81户流转户中，选择自己签订流转合同的只有23%，而且这些合同也没有到村委会和乡农业管理部门备案。笔者见到过一份农村承包地流转合同，合同内容如下：

现把×××等7户土地一共12.6亩租给李××种菜，每亩租价1 000元，租期1年，时间从2009年农历九月十五到2010年农历九月十五。每亩先付100元，到2010年端午节余款全部付清。

各承包方和受让方签字

2009年9月10日

该合同一式三份，承包户代表一份，受让方一份，联系土地出租的牵线人一份。如果风调雨顺，这种合同就能够按约执行，但如果发生意外，就有可能违约。2011年年初，皖北地区发生雪灾，致使一些受让方的大棚被大雪压毁，就出现了违约现象。在流转的几户中，有几个受让方给转包方每亩300元违约金后，外出打工。

由此可见，我国农村承包地流转在有些地方，并没有按照国家提出的流转方式、流转用途和合同签订方式来实施。

3.2.4 农村承包地流转去向与总体判断

1. 农村承包地流转的去向

农村承包地流转去向，是农村承包地流转后的经营使用方。它关联着农村承包地的最终使用，从而对当前农业发展具有重要的影响。从笔者问卷调查可以发现，承包地受让方主要包括以下几个方面：①有亲戚关系的受让方、本村亲属和外村亲戚。这是当前农村承包地流转的主要去向，多数是采取了无偿转让的方式，一般不进行讨价还价。②本村村民。这种流转主要是因为本村村民耕种比较方便，租金以粮食居多；也有邻里关系处得比较好，免费给别人耕种的。③外村村民，主要是一些种粮能手或者种菜能手，家里有农业机械，并懂得一些现代农业的科技知识，而且感觉在第二、三产业就业还没有从事农业收益大。④经营现代农业的公司。这类农业公司主要采取租种农民土地的方式来获得土地使用权，并采取现代科技从事现代农业的生产、加工和销售。⑤从事非农业生产的农户或者农业合作组织。农村承包地如果流转到这些农户或者组织手里，通常使用性质就会发生改变。现在一些地方依然存在“批租”土地使用权就是明证。

从承包地流转的问卷分析可以看出，现在农村承包地的受让方主要是亲戚，本村村民最多，其次是外村的村民，最少的是农业合作组织。这说明我国农村承包地的流转还处在低级阶段，而且流转中的土地非农使用和非粮用途也较多。

2. 对农村承包地流转的总体判断

通过对我国农村承包地流转现状的分析，可以对我国农村承包地流转做出以下判断：

(1) 农村承包地流转处在初级阶段。流转多处于农户之间，农户和农业公司的流转不多，大规模流转还没有形成。

(2) 农村承包地流转中机制运行不畅，流转中动力不足、市场机制不健全和配套制度不完善。

(3) 农村承包地流转中的“非农化”和“非粮化”不容忽视。在流转中既有越俎代庖现象的存在，也有不闻不问的现象发生。

3.3 农村承包地流转中存在的问题

如果从20世纪80年代算起，农村承包地开始流转到现在有近30年的历史。这些年来，农村承包地流转一直处于低速缓慢行进的阶段，并没有呈现出如一些学者所预测的那样将会发生大规模的流转。这与农民的“恋地”情节分不开，也与农村承包地所具有就业和保障的功能存在有关。

尽管和以前相比我国农村承包地在规模和速度上都有较大幅度的提高，但在流转中还存在着不少问题，主要有以下几个方面。

3.3.1 农村承包地流转市场机制不健全

通过对调查问卷的分析，笔者发现，尽管农村承包地流转在规模上和速度上都有加速的趋势，但流转的市场机制作用并没有完全地发挥出来。这表现在以下几个方面：

（1）流转的市场机制，应该包括价格、供求和竞争机制，但在农户对问卷调查所涉及问题的回答中，市场机制的几个构成部分都没有发挥作用。在承包地流转的农户中，有15户都是将土地免费给别家耕种的，占总流转农户的18.2%，流转的租金都不要，这样的流转更谈不上供求和竞争机制。而在其他有租金的流转中，对于调查问卷中所涉及的是否进行讨价还价，有52户选择不进行讨价还价，其他的选择讨价还价。

（2）市场是商品交易的场所和纽带，而在所调查的507户农户中，回答本地有农村承包地交易市场的不到8%。绝大多数的农户选择本地没有土地承包经营权交易机构。缺乏承包地交易的平台，说明农村承包地的流转还处在较低的水平和阶段。

（3）在一个市场机制发挥作用的经济体中，政府管理是不可缺少的。而在笔者的问卷调查中，90%的农户选择本村村委会和乡镇土地与农业管理部门对农村承包地的流转不闻不问，真正积极地去推动承包地流转的基层干部微乎其微。

由此可以看出，当前农村承包地流转中还没有形成市场化，市场机制的作用非常有限，还没有在承包地流转中发挥应有的作用。

3.3.2 农村承包地流转偏离预设的轨道

农村承包地流转是经营使用权的流转，但在一些地方的流转却偏离了正确的方向。

笔者通过实际调研和问卷分析，发现农村承包地流转与国家提出的遵循平等协商、依法、自愿、有偿的原则还有一定的距离。一些地方的基层干部对农村承包地流转放任自流，而有些地方为了追求速度，硬性规定各地方每年要使土地流转达到多少亩。基层干部对农村承包地流转置若罔闻和对承包户流转进行干涉都是不正确。

而且，农村承包地流转中的“非农化”和“非粮化”问题比较突出。媒体揭露的农村承包地流转中，地方政府非法抢占农民土地进行流转并且转为非农用地的事例不少。不少失地家庭的孩子辍学并走上犯罪道路，农民为讨回土地上访。① 这样的流转其实早已突破法律的许可范围，实质已是农村承包地的使用性质的变异和对农民权益的一种削夺。

3.3.3 农村承包地流转限于低层面重复

衡量农村承包地流转效率不能只站在农户的立场，也不能只从社会效益的视角，应把两者结合起来权衡。既要考察农民收入提高的程度，也要从成本与效益的角度来比较某地区甚至全国农业产量是否因农村承包地流转而增加，是否使农业生产成本上升。从某种意义上看，农村承包地是一种准公共产品，应进行综合衡量。

国家推进农村承包地流转的目的，一方面是减少土地撂荒，另一方面，也是通过农村承包地的流转增加农民收入，推动农业现代化和产业化的发展。

根据调研发现，承包地撂荒现象现在已越来越少。但借助于流转把农村承包地这种最宝贵的资源进行整合，促进农业产业化和现代农业提升这个目标还没有达到。当前农村承包地流转主要还是以自发和农户之间的流转居多，通过转包发展现代农业的还不是太多。在接受笔者问卷调查的农户中只有四川成都周边地区的一些农户把承包地流转出去发展现代农业。其他主要的受让方还是以本村、邻村亲戚或者村民居多，建立农业合作社或者把土地租给现代农业公司的还不多。承包地作为农业最主要的生产要素，只有和现代科技相结合才能发挥最大的作用。如果承包地还是在农户之间进行流转，而不是走专业化、规模化和产业化的道路，表明承包地流转处在低档次的重复阶段。

① 毕国昌．黑龙江通河48户农民状告官员与恶势力霸占耕地［OL］．(2009-04-07)［2017-10-20］．http://news.sina.com.cn/c2009-04-07/120717561547.shtml.

3.3.4 农村承包地保护机制欠缺

我国耕地保护制度在减少耕地流失、保持肥力、规范流转上起到了一定的作用，但是这种机制在实践中还存在不少缺陷。

目前，我国土地管理模式采取的是中央和地方政府分权管理。中央有国土资源部，地方有各级土地管理局。地方土地管理部门官员都由同级人民政府任命，而不是采取中央垂直管理和异地任职的方式。中央制定土地管理的大政方针，负责全国规划制定、地方用地审批；地方土地管理、监督都由本地土地管理部门来实施，而地方管理部门又受本级政府的领导，实际上是向本级政府负责。如果地方政府准备采取欺骗上级的方式来不合理地甚至是违法地使用土地时，本级土地管理部门官员能够据理力争维护土地利用规划，进行土地保护的还不多见。这样，地方政府在承包地用途改变上要采取欺骗中央政府的手段时，想发现、查处就异常困难。再者，在农村管理土地的既有乡镇土地管理所，又有农业管理部门。2005 年开始实施的《农村土地承包经营权流转管理办法》就是由农业部制定并颁布实施的。这样就容易形成对农村土地的多头管理，容易形成扯皮和相互推诿的现象。

在承包地保护激励上，缺乏一套行之有效的激励措施。承包地保护的激励措施关系着承包地保护者的行为能否得到回报。我国现在对地方官员的考评主要以国内生产总值（GDP）为主，涉及对承包地保护的考评还不多。在一些地方，用土地来换经济增长的现象依然屡禁不止。对承包地保护好而经济增长没有上去的，官员却很难得到奖励。对于使用土地的单位和个人，在承包地保护上做的是不同的工作。在同一集体内，由于现在对农民的补贴大多是以所承包的地亩为主，基层干部并不去考察承包地的使用情况，只要是相同的田地，所获得补贴是相同的，没有体现出对承包地保护贡献的有效激励。

3.3.5 农村承包地流转中动力机制缺乏

农村承包地流转是推进现代农业进程、增加农民收入和进行新农村建设的必然要求。我国中央政府已把农村土地承包经营权流转上升到加快农村发展的高度。但在改革开放之初，只用了几年，全国大部分地区都已完成把土地承包经营权分配到户。而这次承包地流转，经历了近 30 年，依然匍匐前进，步履维艰。其原因是和农村承包地流转动力不足有关。

第一，从基层领导的角度。我国《农村土地承包法》明确规定农村承包经营权流转应该遵循平等协商、自愿和有偿的原则，任何组织和个人都不得强迫或者阻碍农户进行土地承包经营权流转。尽管农村土地所有权属于集体，但乡（镇）集体或者村集体经济组织、村委会无权对本乡（镇）或村农户是否进行承包经营权流转进行干涉。而且承包地流转和征用不同，如果征用则基层组织可以从征用费中得到一定好处，而纯粹的流转不会给基层干部带来什么好处。基层干部积极进行牵线搭桥也可能出现出力不讨好的现象，这样基层干部就缺乏利益驱动因素，很难愿意去插手农村承包地流转。笔者的调查问卷答案中也反映出这一现象，如表 3-4 所示。

表 3-4　　村干部对流转的态度问卷调查表

		频率	百分比	有效百分比	累积频率
有效性	村干部不闻不问	455	89.7	89.7	89.7
	村干部积极引导	16	3.2	3.2	92.9
	村关闭偶尔关注	36	7.1	7.1	100.0
	总计	507	100.0	100.0	

数据来源：根据问卷调查所得。

从表 3-4 可以看出，在 507 户调查问卷中，选择村干部进行积极引导农村承包地流转的只有 16 户，选择有时关注的有 36 户，选择不闻不问的有 455 户。

如果在流转中出现了纠纷，你是选择哪种处理方式？只有 60 多户农户选择向村干部或者乡镇干部寻求调节，而绝大多数都是选择自己私下处理。这显示了基层干部对农村承包地的流转多数是无所作为的，也反映出农户对乡村干部不信赖。具体见表 3-5。

表 3-5　　出现纠纷时农户是否选择找乡村干部调节问卷调查表

		频率	百分比	有效百分比	累积频率
有效性	自己私下协商解决	446	88.0	88.0	88.0
	找乡村干部去解决	61	12.0	12.0	100.0
	总计	507	100.0	100.0	

数据来源：根据问卷调查所得。

由此可以看出，对农村承包地是否流转，乡村基层干部缺乏利益激励机制，因此大多数基层干部的选择是袖手旁观，而不是去积极引导。个别地方乡村干部进行牵线搭桥的情况主要是集中在成都综合配套改革实验区。

第二，从承包户的角度。当前农村承包地流转中地租偏低。在安徽阜阳市每亩流转价格为500~1 000元，但由于每家的承包地为人均0.4~1.5亩，农户流转的收入主要是国家对农户的粮食补贴加上流转所得租金。[①] 而这两项加起来也不多。相对而言，在粮食价格波动较大的情况下，一些农户仍然愿意选择自己种田。这样自己吃饭问题就有了保障。而且，在食品安全问题不断突出的情况下，一些农户认为吃自己种的粮食更放心。由于在平原地区小麦耕种和收割大多数使用机械，一些农民更愿意选择在农闲时进城务工，在农忙时回家耕种的生活方式。

在笔者的问卷调查中，对于如果给出合适的价格你愿意不愿意流转，也有一些人选择不愿意。这主要是和流转地租不高及收入有限有关。

第三，从受让方的角度。由于农业和其他产业相比，其效益较低下，投资回收期长，经营面临的风险更大等因素，一些组织不愿意从事农业经营。特别是近几年不断出现的干旱、雪灾、冰雹等自然灾害也使一些准备从事农业的组织打消了投资的念头。而对农业进行投资的企业也是以农产品经营、加工、销售和养殖的居多，去到农村承包土地进行现代农业开发和种植的还不多见。

在农村改革开放后的几十年中，虽然各地都有种粮大户，但各地的种粮大户参差不齐，而且其经营模式有的还以传统模式为主。这就给扩大经营，采用现代农业生产技术带来了不利。同时，农村金融市场的不健全也使他们扩大再生产受到限制，好多从农业上发家致富的农民企业家后来却到城市从事二、三产业。

缺乏对获得承包地经营使用权的需求，是农村承包地流转中最主要的动力缺陷。这直接影响到承包地流转的各个方面。

3.4 农村承包地流转机制运行不畅的原因剖析

农村承包地流转中存在问题的原因很多，但最主要是与农村承包地流转机制不健全有关。农村承包地流转机制不健全，无法培育出适合商品经济要求，进行现代农业生产的企业，使流转不能突破现有的状态，无法与农业现代化和产业化相适应，从而使流转处在较低的层面；农村承包地流转机制不健全，无法搭建流转的市场平台，解决不了信息不对称的矛盾，不能为流转双方提供必

① 根据笔者的调研，在大多数情况下承包地流转之后国家的粮食补贴仍然发给原承包户。

要的供求信息；农村承包地流转机制不健全，缺乏相关配套制度，无法给承包方或受让方提供科学的承包地价格评估。

农村承包地流转机制失调原因是多方面的，但主要原因包括农村承包地流转中动力机制缺乏、市场要素权能不健全、流转中缺乏必备风险规避机制和流转中相关配套制度的缺失等。

3.4.1 农村承包地流转中动力不足

农村承包地流转需要动力推进，但是农村承包地流转的动力不强。首先，从农民的角度来看，农民对流转态度不一。对于以农业为主的农户，随着国家取消农业税，及粮食直补和农资综合补贴的提高，他们的种地收益增加。而且他们担心承包地流转之后可能缺少生活来源，不愿把承包地流转出去。而对于以二、三产业为主的农户，由于承包地租金不高，他们仍想耕种自己的土地，这样能补充家庭收入并且认为吃着自己种的粮食放心，也很难愿意流转承包地。其次，从各级干部上来看，其对推进承包地流转及规模经营有着不同的看法。有的干部在农村承包地流转工作中存在观念上的偏差，有些过于激进，而有些则过于保守，这不利于农村承包地流转健康、有序进行。而且不少基层干部对以承包经营权流转推进适度规模经营，并未引起足够的重视，服务滞后，引导不力，工作缺乏主动性，致使土地流转进展缓慢。① 最后，从农村承包地流转的管理机构上来看，调查涉及的一些农户都没有这样的组织。这表明乡镇一级农业或者土地管理部门对农村承包地流转缺乏有效的引导与服务。

在西方经济学的帕累托改进中，如果改进没有使自己效益提高，那么人们就会缺少改进的动力。当前，我国农村承包地流转就应和了帕累托改进的思想。在农村承包地流转中，如果流转后在别人利益不减的情况下，自己的利益很少提高，就会使承包地流转缺少动力。

农村承包地流转中动力不足是由多方面原因造成的，主要有以下几点：

首先，我国农业一直处于弱势地位，对从事农业经营的企业与个人缺乏有效的激励措施。多年来，我国工农业之间的“剪刀差”使农业被迫从属于工业的地位；农业投资不够，基础设施欠缺，使农业与工业的比较效益变得更加低下。现在，一些地方性国有农场或农科所，有的也采取分田到职工的方式；职工不愿意干的，再把土地出租给农户，自己到城市从事二、三产业。这样，

---

① 李昌玉，丁德胜. 湖南省农村土地承包经营权流转中存在的问题及对策［J］. 长江大学学报（自然科学版），2009（9）：45.

国有农业生产经营企业欠缺，而民营工商企业又很难乐意涉足农业。况且农村中的青壮年多数到外面打工，在家种田的大多是老弱病残。农村缺乏种田能手和种田大户，致使农村承包地流转中缺乏需求。

农业属于基础性的产业，在效益上处于劣势地位。国家理应逐渐加大对农业的补贴力度，对从事农业生产经营，特别是对从事粮食生产规模比较大的企业或种粮大户给予较多的资金、税收和政策上的倾斜，使其从事农业的效益不比从事其他行业低。而政府做得不够，使农村承包地流转中有效需求不足。

其次，农民通过承包经营权流转获得的收益同自己耕种相比，并不明显。而且，农民大多数还有“恋地情节”，承包地所具有的提供就业和社会保障的功能依然存在。如果农民通过承包地流转不能使自己的收入增加，就缺少进行承包地流转的激励。

最后，在农村社会保障制度不健全的情况下，农民依然存在年轻时在外打工，年老回家种地养老的思想。而且，农民工在城市的待遇，使农民没有在城市生活的认同感，仍认为农村才是自己的家园，土地才是自己的根。如果承包地流转，特别是较长时间流转，农民等到年老体弱回到农村就没有地可种，生活就无保障。这就使农民缺乏流转的意愿，从而供给动力不足。

2004 年以来，我国 7 个中央一号文件都是关于“三农”问题的，显示出中央政府对农村的重视。但是到了地方，有些政策在执行中被大大地打了折扣，一些地方领导为了政绩工程，往往更多地关注 GDP 的提高，注重城市建设而不是农村发展。因此，基层领导干部很少有这方面的动力。

3.4.2 农村承包地流转中市场权能不完备

1. 农村承包地所有权主体不清及承包经营权根基不稳

我国《农村土地承包法》规定可以用来承包的土地是本村集体经济组织所有的土地，或者是国家所有而由本村集体经济组织使用再承包给农户的土地。由此可以看出，农村承包地流转的供给主体是具有承包经营权的农户。农户具有决定自己的土地是否流转的权利。但是目前我国农村承包经营上还存在一些问题。这些问题致使农户承包经营权的流转被随意地剥夺。其主要表现在以下几个方面：

（1）集体所有权中的“集体”概念模糊，导致承包经营权有被干扰的可能。

集体所有权的“集体”不清，就容易在村干部同村民之间产生分歧。这也是目前解决“三农”问题的重点与难点。村干部与地方政府、农民之间的关系并不像法律上那样明晰，反而常常表现出重重矛盾。[①]《中华人民共和国宪法》第十条规定，农村和城市郊区土地除去法律规定属于国家所有外，属于集体所有。这就从根本大法上明确了我国农村土地的集体所有权。而《中华人民共和国土地管理法》（以下简称《土地管理法》）第十条也规定，农民集体所有的土地，属于村农民集体所有的，由村民委员会或者村集体经济组织经营；已经属于村内两个以上集体经济组织的集体所有的，由乡（镇）农民集体经济组织进行经营、管理。这里将“集体”界定为村小组、村和乡（镇）三级。《中华人民共和国民法通则》第十四条也规定，集体所有的土地，按照法律属于村农民集体所有；已属于乡（镇）的农民集体经济组织所有的，可以属乡（镇）农民集体所有，在此划分为村和乡（镇）两级。这样，两个法律对“集体”内涵界定就不清，层次划分也不一致，导致主体多元化和所有权权属不明确。[②] 而所有权和承包经营权是紧密联系的，这就可能使村民小组、村和乡镇政府从自己利益上对农户的承包地经营权进行干扰。

由于在法律中村集体经济组织、村委会、村农民集体、村民小组、乡（镇）农民集体和乡（镇）农村集体经济组织等都可以充当农村土地的所有权主体，对农村土地到底属于哪个集体，就易于出现主体界限模糊。在这种框架下，乡（镇）、村和村民小组在不同程度上都可以是农村集体土地产权所有者的代表。这未能明确经济当事人资源占有的排他性，也未能明确有关经济当事人占有资源的边界。这就很难形成对农村土地资源具有真正负责的所有权主体[③]，从而也就形成了承包经营主体的虚置。

况且，在农村土地产权属于集体的情况下，遇到农民承包地权益受损情况时，很难有真正代表农民利益的组织来行使其职权。这种“不清晰的产权”，农村缺少“人格化”的所有人，及“强迫集体化”，都易于产生“公地悲剧”。[④] 在我国一些地方就多次出现过土地承包经营权上的“公地悲剧”，所谓的“集体”实质上是无法发挥产权主体职能的模糊组织。

---

① 石莹，赵昊鲁. 马克思主义土地理论与中国农村土地制度变迁［M］. 北京：经济科学出版社，2007：23.

② 王仲修. 当前农村土地承包经营权流转中存在的问题及对策［J］. 中国商界，2009（10）：242-243.

③ 职青云. 我国现行农村土地产权制度在法律上存在的问题［J］. 农业经济，2007（4）：66.

④ 姚俊，孙雁，刘友兆. 避免“公地悲剧”——我国集体土地产权制度改革向度分析［J］. 中国土地，2009（2）：21-22.

（2）农民的承包经营权无法得到充分保障，承包经营权根基不稳。

我国《土地管理法》第四十四条规定，建设占用土地，涉及农用地转为建设用地的，应当办理农用地转用审批手续。这就使农户承包地有可能被政府征用。而在征用的补偿上，《土地管理法》第四十七条规定，征用耕地的补偿费用包括土地补偿费、安置补助费以及地上附着物和青苗补偿费。而且在这条的后面还规定了土地补偿费和安置补助费总和不得超过土地被征用前三年平均年产值的三十倍。这就表明农民的承包地被征用时，赔偿费又不能太高；而且只是对土地使用权的补偿，却没有对土地所有权村集体的补偿。

我国《土地管理法》第二条明确规定："国家为公共利益的需要，可以依法对集体所有的土地实行征用。国家依法实行国有土地有偿使用制度。但是，国家在法律规定的范围内划拨国有土地使用权的除外。"这种规定可以使一些地方政府打着公共设施建设或者公共服务的幌子来进行无休止乱征乱用农民的承包地，特别是在城市郊区，土地随时都有被征用的可能，致使农民的承包经营权根基不稳。

在我国，《中华人民共和国土地法》和《农村土地承包法》对农村土地承包经营权进行了严格的限制，对其用途、流转、处置进行了严格的管制。这对农村土地使用用途不变，且具有积极的一面。但是承包地的所有权主体集体组织对土地的占有、使用、经营和处置权力极其有限，最终农民所承包集体土地的处置权、支配权实质上被控制在当地政府领导手中。而且，国家可以根据需要把农业用地转为非农用建设地，当对农民承包的土地进行征用时，所给予补偿远远低于土地的市场价格。这不仅使所谓的集体土地所有者完全失去了土地处分权能，同时也使原属于集体所有的土地收益被剥夺。因此，从所有权的权能构成上看，农民集体土地所有权权能残缺不全。①

2. 农户对承包地权能了解不完全及承包合同订立中的不平等

笔者根据走访和问卷调查发现，对自己承包土地拥有哪些权利，农户之间的理解存在很大差异。有些农户认为自己所承包的土地就属于自己，想怎么样就怎么样，于是个别农户就把自己家的承包地用于非农用途；而另一些农户不知道对承包地拥有什么样的权利，认为土地是国家或者集体的，自己没有处置权利。根据问卷调查统计，对自己承包经营土地的权能正确认识的农户只有72%。由此可以看出，农户在承包经营权上的认识还有待提高。

---

① 邹爱勇，王春霞. 试论我国土地产权制度的困境与出路［J］. 广东土地科学，2008（5）：28-29.

农民的承包经营权利与承包合同有关，而合同订立的过程往往不是建立在当事人双方充分谈判与利益协商的基础上的。通常是发包方拟订好统一的合同，承包方根本就没有讨价与还价的权利，只能在上面签字，被迫接受合同上约定的条款。这种情况从农村承包地合同内容中可以看出。由于法律规定了土地承包合同内容除去法定的条款外，还可由合同双方约定各自的权利义务，这就为强势的村、乡集体经济组织乘机把对自己有利的约定加进去提供了法律上的便利，而使处在弱势的农户没有不接受的余地，只有认可。① 这种现象在农村承包地签订合同中是非常普遍的，表明了承包双方在合同订立上的不平等。

3. 农村土地承包经营权不均和土地收益分配不公

土地就是农民的命根子，有了土地生活才有保障。自实行农村土地家庭承包经营制度以来，对土地承包的年限有些地方曾采取三五年调整一次的方式，主要是用机动地或者重新把土地进行分配，以满足人口增减的需要。这样不利于农民连续、稳定地使用同一块土地，使得农民改良土壤和进行农业投入的动力不强。于是，农业部在1994年发出了《关于稳定和完善土地承包关系的意见》，提出了在土地承包期内实行“增人不增地，减人不减地”的政策。在1998年修订的《土地管理法》中规定了土地承包期30年不变的制度。这一规定得到了大多数农民的拥护和支持，农民进行土壤改良，在土地上的投资明显增多。2008年，中央十七届三中全会在《中共中央关于推进农村改革发展若干重大问题的决定》中又提出了承包经营权长久不变。这在给农民吃下定心丸的同时，也带来了新问题，无法为农村新增人口提供承包地，而人口减少的承包地又可以继续使用。现在农村承包经营权上的不公日益显现。这不利于农村社会的稳定，同时也明显有悖于农村人口都有分得承包地的权利。

而且，法律规定在一定条件下，政府可以对土地实行有偿征用。《土地管理法》第四十七条就规定，征收的土地，按照被征收土地原用途给予补偿。征收耕地的补偿费用包括土地补偿费、农民安置补助费及地上的附着物和青苗补偿费。征收耕地的土地补偿费用，为该耕地被征收前三年平均年产值的六至十倍。征收耕地的农民安置补助费，按照需要安置的农业人口数来计算。需要安置农业人口数，按照被征收耕地数量除以征地前被征收单位每人平均占有耕地的数量来计算。每个需要安置的农业人口安置补助费，为该耕地被征收前三年平均年产值的四至六倍。但每公顷被征收耕地安置补助费，最高不得超过被

① 毛瑞兆，胡晓明. 我国农村土地承包经营权的缺陷及改造［J］. 经济问题，2006（3）：53.

征收前三年平均年产值的十五倍。对于征收其他土地的补偿费和安置补助费标准，由各省、自治区、直辖市参照征收耕地的补偿费和安置补助费的标准规定。被征收土地上的附着物和青苗的补偿标准，由省、自治区、直辖市规定。征收城市郊区的菜地，用地单位应当按照国家有关规定缴纳新菜地开发建设基金。依照该条第二款的规定，支付土地补偿费和安置补助费，尚不能使需要安置的农民保持原有生活水平的，经省、自治区、直辖市人民政府批准，可以增加安置补助费。但是，土地补偿费和安置补助费的总和不得超过土地被征收前三年平均年产值的三十倍。国务院根据社会、经济发展水平，在特殊情况下，可以提高征收耕地的土地补偿费和安置补助费的标准。从上文的规定就可以看出，在土地价格（特别是市郊土地价格）日益上涨的情况下，农民承包地如果被征用，不是按照土地的实际价值或价格来补偿，而是按照耕地被征用前三年的平均产值来补偿，这显然是对农民承包权的一种不公平剥夺，没有真正体现农民承包经营权的实际价值。

3.4.3 农村承包地流转中市场机制运行不畅

农村承包地流转中应该采取市场机制来调节，但是我国农村承包地流转中市场运行不畅。原因主要有：

第一，承包地流转市场中供求机制作用没有发挥出来。从流转主体的承包方上看，对农村承包地流转中农户有哪些权利，农户认识不一。当一个人不知道自己对“物”的权利有哪些时，他当然就不知道该如何来处置“物”了。这样，在农村承包地流转中就缺乏一定“土地商品”，而缺少商品的市场只能是短缺市场。从流转主体的受让方上看，对受让方的规定，要求是从事农业生产的企业和个人，而从事农业的企业现在还很缺乏。粮食种植是低效益，甚至亏本的经营，如何使愿意从事农业生产的企业通过经营也能获得同经营二、三产业一样的平均利润？由于政府缺乏有效的补贴及财政扶持政策，因而，一般的企业不愿涉足农业。就是有些涉足农业的企业，在经营过程中也往往把承包地变成了“农家乐”和“农业观光旅游”用地等，或者进行养殖，真正进行农业经营的不多。在有效需求不足的背景下，农村承包地流转中的供求机制作用就无法发挥出来。

第二，承包地流转市场中价格机制作用有限。在农村承包地流转中，价格机制作用的发挥分为两个层面。在低级层面，受让方主要以邻居和亲戚为主，没有出现价格越高，承包地供给增加，需求减少，而价格越低，供给减少，需求增加的现象。这与价格机制不符，主要是因为农村承包地没有被当作商品，有些农户的承包地给亲戚或者邻居耕种，要么什么租金都不要，要么象征性地让受让方给点粮食。而在流转的较高层面上，受让方是进行现代农业生产的公司时，价格机制就发挥了一定的作用。一些农户在把自己的承包地转让的过程中，开始派出代表和公司负责人进行讨价还价，使价格机制得到体现。从中可以看出，在当前农村承包地流转主要还处在低级层面的状况下，价格机制没有起到应有的作用，只有把承包地流转给从事现代农业经营的组织时，价格机制才能发挥作用。

第三，承包地流转中的竞争机制短缺。竞争机制发挥作用的前提是商品市场上有大量的买者和卖者。而在农村承包地流转的初级层次中，尽管有一些买者也有一些卖者，但这些买者与卖者之间的交易多数还是私下进行的协商，很少经过土地交易市场，这样致使交易中的竞争机制很难发挥作用。而在农村承包地流转的高级层次中，承包地使用权的交易已经从零碎地块流转到单元地块流转。单元地块间的流转竞争机制已经开始起到一定的作用，这种竞争主要是在一个单元地块所有农户与其他单元地块所有农户之间的竞争，以及流转中受让方之间的局部竞争等。但是，这种竞争发挥的作用还很有限。

3.4.4 农村承包地保护的监督制度不健全

2006 年，我国建立了国家土地督察制度，由国务院授权国土资源部代表国务院对各省、自治区、直辖市，以及计划单列市人民政府土地利用和管理情况进行监督检查，并向地方派驻 9 个国家土地督察局。国家土地督察局的主要职责是对省级以及计划单列市人民政府耕地保护责任目标的落实、土地执法、土地利用和管理中的合法性与真实性、土地审批以及落实中央运用土地政策参与宏观调控的要求等进行监督检查。国家土地督察制度建立以来，实行异地任职，定期交流，从而起到了一定的效果。但由于督察范围大、人手有限和地方政府与地方督察局信息不对称等方面的原因，并没有完全杜绝土地违规现象的发生，农村承包地流失问题依然存在。根据中国新闻网，在 2007 年国土资源部采取的全国土地执法“百日行动”中，广东省就清理了 1 200 余宗违法违规用地。同时查处的还有黑龙江省黑河市政府非法批地案、湖南省长沙市雨花区黎托乡违法用地案和陕西省眉县违法用地案等一批典型案件。在查处这些土地违法违规案件中，又发现其大多和地方政府有关。难道地方土地管理部门都不知道本地发生的违法违规案件？笔者认为，关键问题是地方政府不敢去管，不敢去监督。这很可能使地方土地管理部门成为地方政府进行违法违规、欺骗上级的工具，而不是土地的守护者。想利用本级土地管理部门去监督本级政府的用地，实践证明很难。而刚建立不久的国家土地督察制度，还无法触及承包地使用中的角角落落。

承包地的使用者主要是农民，《中华人民共和国土地法》和《农村土地承包法》规定农民有使用和保护土地的权利和义务，村委会有监督承包方依照承包合同约定的用途合理利用和保护土地的权利。而根据笔者的调查，村干部对承包地的监督不到位，甚至在承包地使用用途改变上，个别村干部还走在前面，带头违法违规，没有起到应有的监督作用。另外，根据发达国家和地区农地保护经验来看，非政府的承包地保护组织（NGO）是对农地保护进行有效监督的机构，而这种组织在我国没出现。只有自己监督自己的承包地保护机制是不完整的，也是很难达到最大效率的机制。

3.4.5 农村承包地流转相关配套服务不完善

农村承包地流转是一项系统的工程，在流转过程中需要相关的配套服务，如流转的中介组织，包括有形和无形的交易场所、土地价格评估中心、法律咨询中心和保险机构来进行服务等。但是，在笔者调研时，大多数农民都反映他们很少听过交易所，更不用说土地评估中心和法律服务中心了。只有成都周边县区的农民知道有土地银行和土地交易所。

现在农村承包地仍有社会保障功能。如果农户把承包地进行流转，特别是完全流转，就涉及农民的养老保险。根据问卷调查，现在各地都办理了农村医疗保险，但办理养老保险的还不多。没有养老保险就无法消除农民承包地流转的后顾之忧。

而且，农村承包地流转的一个主要动因是农民能在二、三产业就业，但现在社会对农民工的歧视依然存在。农民工由于户籍问题不能和城市居民享有均等的社会公共服务，其子女教育、住房、医疗保险、养老保险和城市居民相比都存在着很大的差距。这样就使农民年轻在外挣钱、年老回家种地的养老思想依然存在。如果不能完善非农就业农民的社会保障机制，替代农地的保障功能，就很难避免农民“离乡不离土”的选择。①

① 刘向南，吴群. 农村承包地流转：动力机制与制度安排［J］. 中国土地科学，2010（6）：4-8.

4 激活农村承包地流转的动力

动力机制是参加社会生产的经济主体利益同社会生产目的之间相互作用与影响的关系，是市场经济运行中主体的原动力和经济运行机制的重要组成部分。而主体的原动力离不开利益和需要，满足主体需要和使主体利益最大化就是经济主体参加经济活动的原动力。需要作为经济范畴是主体对财富、物质和精神的需求，也是对产品和劳务的满足。需要引起经济主体行为，而行为产生利益。利益，特别是对物质利益的追求一直是经济主体活动的直接动力。因此，农村承包地流转中的动力也是围绕着流转主体的利益与需要而展开。

4.1 农村承包地流转中动力机制的内涵与构成

4.1.1 农村承包地流转中动力机制的内涵

在农村承包地流转中涉及的利益主体有村集体、承包方、受让方和国家等。承包地流转中的动力机制能通过一定的经济利益机制，充分调动流转主体的积极性、主动性和创造性，使承包方愿意将承包地流转，而且能够流转出去；使受让方愿意获得想得到的土地使用权，而且能够获得；同时，使农业的现代化、产业化、市场化和国际化水平能够得到提升，使国家确保 18 亿亩耕地的目标能够实现，使粮食安全能够确保。因此，农村承包地流转的动力机制是指通过激发承包地流转主体的利益动机而形成的使承包地持续、健康流转所必需的机构和制度。

4.1.2 农村承包地流转中动力机制的构成

农村承包地流转中动力是促使流转的推动力，这种推动力通过调动经济活动各个主体需要，并实现其利益而表现出来。动力机制有内生性和外源性两种。内生性动力机制是指依靠自身力量形成的内在动力，如在农村承包地流转中，农业的现代化、规模化经营就是其内生性动力；外源性动力机制则是依靠外部力量而带来的外在动力，如国家一系列产业政策就是外源性的动力。

内生性和外源性动力机制之间是相互影响的。内生性动力是最根本的动力，属于农村承包地流转的原动力；而外源性动力则是必需条件，属于农村承包地流转的助推力。这两者之间相互制约、相互促进和相互作用，共同构成了一个完整的动力系统，推动着农村承包地流转。

4.2 影响农村承包地流转动力的因素

4.2.1 影响农村承包地流转的内在动力

1. 农业规模化、产业化经营具有的比较优势

从传统农业向现代农业演变是其自身发展的必然规律。家庭联产承包责任制在调动农民积极性方面曾起到了十分重要的作用。但在农民满足了温饱问题之后，伴随着生产发展，一家一户个体经营的方式所能产生的效益已经最大限度地被释放出来，耕种土地收益的下降使农民的投入积极性也随之下降。[①] 同时，在开放的经济环境下，我国农业还面临同外地甚至外国农业进行竞争的局面。而原有家庭生产的小农经营模式，无法脱离传统农业的误区，生产能力低下、成本较高、效益差。而农业规模化生产可以进行规模采购、规模生产和规模经营，使用先进的农业生产工具，降低生产成本，提高专业化水平，增强产品竞争能力。农业产业化通过优化各种生产要素，以市场为导向，以主导产业、产品为重点，以经济效益为中心，实施区域化生产、专业化生产，形成产供销和种养加、农科教一体化的经营，使农业走上自我发展、自我积累、自我约束、自我调节的良性发展轨道和现代化的经营方式和产业组织形式，从而提高农业的整体素质，提高农业生产效益。这些都是传统农业所无法比拟的，也是土地作为农业最基本的生产要素通过流转走向规模化的内在动力。

2. 农业产业结构调整所带来的较高利润

在农村实施联产承包责任制以后的相当长一段时间里，为了解决温饱问题，我国农业生产采取的是数量型发展模式。这一模式使我国农产品供应由长期短缺转变为供给与需求总量大体平衡，继而又演变为地区性和结构性相对过

---

① 潘啸. 农村土地流转的动因分析与对策选择［J］. 山东社会科学，2008（6）：111-112.

剩。农业丰产了，农民却没有增收。这种地区性或结构性的供大于求并非真正意义上的农产品产量过剩，而是由居民消费发生转型所引起的。社会上对农产品需求由数量满足转变为质量提高，但农产品供给却没有跟上需求变化，从而造成供需脱节。一些市场所需的优质专用农产品供不应求，而大宗普通农产品却因品质、品种等问题严重滞销，使种粮农民的利益受损。在此背景下，对农业生产进行结构调整就应运而生。然而土地的农户家庭经营不但无法适应农产品结构调整的需要，而且更不能适应农业区域性结构调整的要求。因此，当农业结构调整所能带来的潜在利润不能内在化时，农村土地使用权流转便成为获取这种潜在利润的必由之路。通过土地使用权的流转，适当集中土地，发展规模农户，在连片土地上，使以利润为目的的规模农户根据自己意愿、以市场为导向，调整农业生产结构，发展效益型农业。①

3. 农民在农业与非农就业报酬上的差额

同等劳动应该支付同样劳动报酬。但由于我国农产品价格一直较低，农业生产落后，在大多数地区靠天吃饭的局面并没有改变。这就使同样的劳动投在农业和投在二、三产业上会带来不同的效益，致使农民种地和进行非农工作的收入差距较大。一亩地一年所产的粮食卖出去的收益，除去化肥、种子、农业和机械费用之后，人工费用就很少，如果碰到不好的年成，有的还要倒贴。农民辛辛苦苦在自家田里耕作一年的收益还赶不上在二、三产业几个月甚至一个月的收入。于是，为了获得较高的收入，一些青壮年农民就到城市里寻找非农就业的出路。一般来说，一个地区非农就业率高，非农收入占总收入的比例大，该地区农村承包地流转率就大。从调查的情况看，经济越发达的地区，非农收入比例越高，对承包地流转的影响就越大。因此，非农就业率与承包地流转率成正相关关系：一个地区非农就业率越高则土地流转率就越高。从经济学角度来看，这是由于从事农业生产的机会成本高，农户追求更高收益的动机，促使他们进行土地流转。②

而且，农业投入和产出之间有一定的比例关系，当超出这种比例，收益就会递减。在农业生产达到一定阶段，特别是我国户均耕地面积较少的情况下，就会在农村产生大量的剩余劳动力。过剩劳动力如果还束缚在农业上，只能使农业和非农就业之间的工资差额更大。在这种情况下，一些有一技之长、善于

① 陈永志，黄丽萍. 农村土地使用权流转的动力、条件及路径选择 [J]. 经济学家，2007 (1)：51-58.

② 邵书慧. 农村承包地流转动力机制探索及其经济学分析 [J]. 科技创业，2009 (11)：17-18.

经营的农民就开始到城市谋生。而随着城市的发展，城市又需要大量的劳动力，这促进了农村劳动力转移及承包地的流转。

4. 农民工资性收入的增加

工资性收入主要是农民通过务工获得的收入。随着农民外出务工的增加，其工资性收入也在逐年提高。当农民工资性收入较高时，相对来说，他更愿意选择把承包地进行出租，自己外出务工。在此，笔者建构我国农村居民工资性收入的 VAR 模型，以找出其增长的累进规律。

（1）数据的选取

选取的数据是 1978—2009 年的我国农村居民工资性收入，数据来源于 2008 年《中国农村住户调查年鉴》和中经网。数据表如表 4-1 所示。

表 4-1　1978—2009 年我国农村居民工资性收入　单位：元/人

年份	工资性收入	年份	工资性收入	年份	工资性收入	年份	工资性收入
1978	88.3	1986	81.6	1994	262.98	2002	840.22
1979	100.7	1987	95.5	1995	353.7	2003	918.38
1980	106.4	1988	117.8	1996	450.84	2004	998.46
1981	113.8	1989	136.5	1997	514.55	2005	1 174.53
1982	142.9	1990	138.8	1998	573.58	2006	1 374.8
1983	57.5	1991	151.92	1999	630.26	2007	1 596.22
1984	66.5	1992	184.38	2000	702.3	2008	1 853.73
1985	72.2	1993	194.51	2001	771.9	2009	2 061.25

数据来源：2008 年《中国农村住户调查年鉴》和中经网。

（2）用 EViews 对数据进行分析

①首先画出农村居民工资性收入（Village Residents' Wages Income，简称 VRWI）的序列图（见图 4-1）。

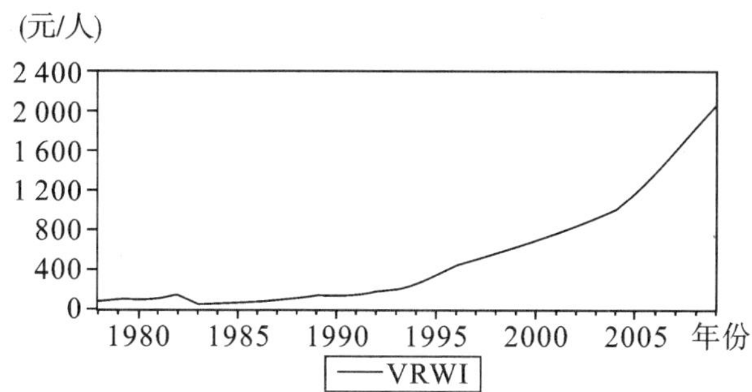

图 4-1　1978—2009 年我国农村居民收入序列图

从图 4-1 可以看出，我国农村居民收入除在了 1983 年出现下滑，其后又上升外，其他年份基本都保持近线性的增长趋势。

然后作 VRWI 的差分图（见图 4-2），观察差分图的情况。

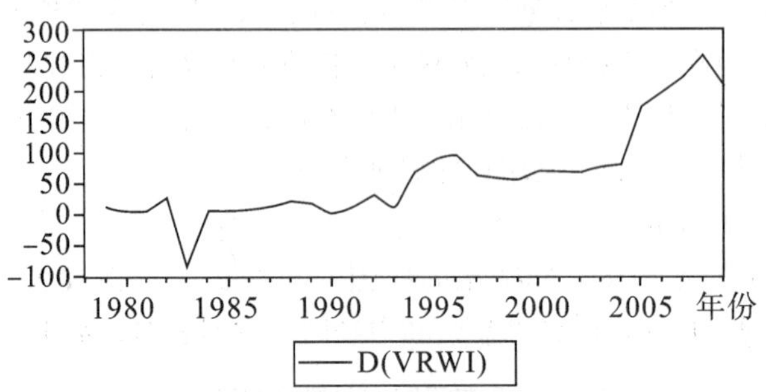

图 4-2　1978—2009 年我国农村居民收入差分图

从图 4-2 可以看出，我国农村居民工资性收入，除去个别年份下降外，总体呈现上升的趋势。而且从序列图的变化特征看，这是一个非平稳序列。

②求我国农村居民工资性收入的相关图和偏相关图，进而对模型形式进行识别（见图 4-3、图 4-4）。

Date: 10/26/10　Time: 11:28
Sample: 1978 2009
Included observations: 32

Autocorrelation	Partial Correlation		AC	PAC	Q-Stat	Prob
		1	0.648	0.648	14.747	0.000
		2	0.436	0.027	21.642	0.000
		3	0.327	0.059	25.651	0.000
		4	0.261	0.037	28.299	0.000
		5	0.218	0.031	30.212	0.000
		6	0.185	0.020	31.637	0.000
		7	0.159	0.017	32.735	0.000
		8	0.142	0.020	33.653	0.000
		9	0.130	0.017	34.452	0.000
		10	0.117	0.010	35.129	0.000

图 4-3　1978—2009 年我国农村居民收入相关与偏相关图

由图 4-3 中的相关图衰减得很慢，可以得知我国农村居民工资性收入 $VRWI_t$ 是非平稳序列。

Date: 10/26/10 Time: 11:38
Sample: 1978 2009
Included observations: 31

Autocorrelation	Partial Correlation		AC	PAC	Q-Stat	Prob
		1	0.650	0.650	14.426	0.000
		2	0.363	-0.103	19.085	0.000
		3	0.230	0.064	21.025	0.000
		4	0.204	0.088	22.605	0.000
		5	0.151	-0.038	23.504	0.000
		6	0.143	0.081	24.342	0.000
		7	0.134	0.011	25.105	0.001
		8	0.108	-0.008	25.627	0.001
		9	0.082	0.011	25.936	0.002
		10	0.083	0.030	26.274	0.003

图 4-4　1978—2009 年我国农村居民收入一阶差分相关与偏相关图

而从图 4-4 可以看出 $dVRWI_t$ 是平稳序列（相关图呈现指数衰减特征）。通过初步分析，认定 $dVRWI_t$ 是一阶或二阶自回归过程。假定先按 $AR(1)$ 估计。

③时间序列模型估计。用 Ewiews 进行估计，可得估计结果如图 4-5 所示。

Dependent Variable：D（VRWI）
Method：Least Squares
Date：10/26/10　Time：15:32
Sample（adjusted）：1980 2009
Included observations：30 after adjusting endpoints
Convergence achieved after 3 iterations

Variable	Coefficient	Std. Error	t-Statistic	Prob.
C	144.156 5	142.936 5	1.008 536	0.321 8
AR（1）	0.923 759	0.097 846	9.440 922	0.000 0
R-squared	0.760 951	Mean dependent var		65.351 67
Adjusted R-squared	0.752 414	S. D. dependent var		77.130 24
S. E. of regression	38.378 47	Akaike info criterion		10.197 21
Sum squared resid	41 241.40	Schwarz criterion		10.290 62
Log likelihood	-150.958 2	F-statistic		89.131 02
Durbin-Watson stat	2.430 995	Prob（F-statistic）		0.000 000
Inverted AR Roots	.92			

图 4-5　对我国农村居民收入的一阶自回归估计

从估计结果可以看出，可决系数 R 和调整的可决系数值 $\bar{R}$ 都较高，$AR(1)$ 的系数达到 0. 923 759。故模型应为一阶自回归。对应的模型表达式是：

$$DVRWI_t = 144.1565 + u_t$$
$$(1.01)$$

$$u_t = 0.923759u_{t-1} + v_t$$
$$(9.44)$$

可以把这两个表达式合写为下式：

$$DVRWI_t = 144.1565 + 0.923759(DVRWI_{t-1} - 144.1565) + v_t$$
$$(1.01) \qquad (9.44)$$

$$R^2 = 0.76 \quad Q_{(10)} = 5.9 \; Q_{\alpha(k-p-q)} = Q_{0.05(10-1-0)} = 23.6$$

输出结果中的 144. 156 5 是 $DVRWI_t$ 的均值，表示我国农村居民工资性收入平均每年增量是 144. 156 5 元。

整理上述输出结果，可以得到如下模型：

$DVRWI_t = 144.1565(1 - 0.923759) + 0.923759DVRWI_{t-1} + v_t = 10.990 + 0.923759DVRWI_{t-1} + v_t$ 漂移项 10. 990，表示线性趋势的增长速度。

从图 4-5 输出结果的最后一行可知，特征根是 1/0. 92=1. 09，满足平稳性要求。再对残差的相关性进行 Q 检验，如图 4-6 所示。

Date: 10/26/10 Time: 16:28
Sample: 1980 2009
Included observations: 30
Q-statistic probabilities adjusted for 1 ARMA term(s)

Autocorrelation	Partial Correlation		AC	PAC	Q-Stat	Prob
		1	-0.240	-0.240	1.9008	
		2	0.126	0.073	2.4462	0.118
		3	0.065	0.118	2.5959	0.273
		4	-0.122	-0.099	3.1478	0.369
		5	-0.016	-0.093	3.1573	0.532
		6	-0.034	-0.041	3.2035	0.669
		7	0.051	0.076	3.3128	0.769
		8	-0.044	-0.015	3.3985	0.846
		9	-0.119	-0.176	4.0510	0.852
		10	0.197	0.139	5.9096	0.749

图 4-6　残差 Q 检验图

由图 4-6 的右侧一列概率值都大于 0. 05，说明所有 Q 值都小于检验水平为 0. 05 的 χ^2 分布临界值（位于临界值左侧）。由此可见，模型的随机误差项是一个白噪声序列。

由模型可以看出，农村居民工资性收入每年的增量是 144.156 5 元，这对农村承包地流转具有一定的推动作用。

4.2.2 影响农村承包地流转的外在动力

1. 非农产业发展和城镇化水平的提高

在经济发展中，一、二、三产业占国内生产总值的比重会发生变化。如图 4-7 所示，在 1990 年时，一、二、三产业占 GDP 的比重分别是 27.1%、41.3%和 31.6%；而到了 2009 年这种比重变为 10.6%、46.8%和 42.6%。这显示出二、三产业在经济中的地位逐渐上升。二、三产业发展可以为从农业转移出来的劳动力提供更多的岗位。能够在非农产业找到工作，是农村劳动力转移的必要条件。同时随着二、三产业的发展，会有一些更先进的农业机械制造出来，并用到农业上，又将进一步地解放农村生产力，使农村剩余劳力增加，并向非农产业转移。这种相互作用、相互促进的关系，为农村承包地流转提供了源源不断的动力。

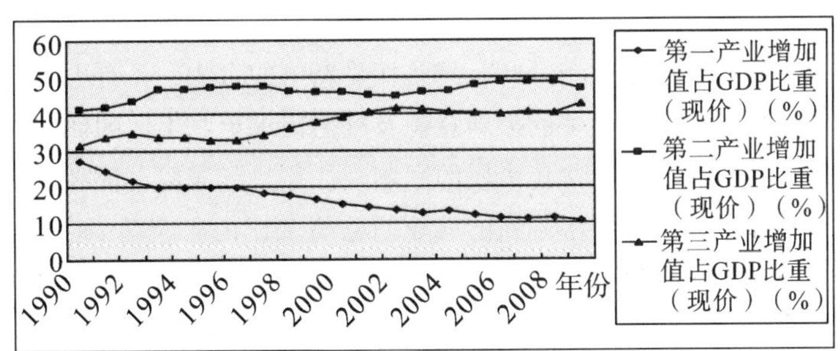

图 4-7 1990—2009 年我国三产业增加值占 GDP 比重

数据来源：中经网统计数据库。

2. 地方政府对农村承包地流转的措施

在农村承包地所有权属于集体的制度安排下，地方政府采取何种措施和基层干部是否作为对承包地流转具有一定的影响。如果地方政府采取鼓励的措施和基层干部积极引导，就能推动承包地流转的进程和速度；若地方政府和基层干部对流转不闻不问，则会延缓流转。同时，在农户是否流转的犹豫决策中，基层干部通过自己了解的市场行情和对政策的把握，进行恰当的引导和服务，会成为流转不可缺少的推动力，使这些犹豫农户将自己的承包地流转。根据笔者的调查，在成都周边农村承包地流转比较好的地方，都离不开基层干部的积极引导；而在一些流转率较低的地方，基层干部既不干涉，也不引导。车裕斌把这种来自国家和地方政府推动的动力称为管理驱动力。①

3. 农业机械化水平提高和农业新技术的应用

采用农业机械进行现代耕种是农业发展的必然要求。但是一家一户的小块土地因面积太小，不利于农机使用，而一般农村家庭无法购买功能先进的大型农业机械。同样，在农业产品市场化的情况下，农业生产必然要采用新技术。但农业新技术的应用有一定限制，如技术适应性，包括人们对该技术的认识及文化水平，尤其是对新技术使用成本的承受力。尽管我国技术创新主要由国家投入，但在推广应用中，需求者仍要投入一定费用，这笔费用对独户、超小规模的农业生产者来说，仍然无法承受。因此，农业技术的推广应用必须建立在一定土地规模经营之上，农村承包地向种植能手和种植大户转移成为必然。②这样从外部上，农业机械的推广和农业生产新技术的应用在客观上成为农村承包地流转的外源力。

4. 教育普及与职业技能的提高

教育与职业技能培训对劳动力转移有促进作用。教育与职业技能培训能够使农村劳力在观念上、思想上摆脱小农思想的束缚，可以开阔视野，提高技能，增强自身外出谋生的能力。二十多年来，农村劳动力流转的实践表明，农民接受的教育越多，思维就越开阔，越易接受新鲜的事物，具有更高的收入预期和更强的自信，也具有更多的创新意识及外出谋求更好生活的期望；而未受过教育和培训的农民，由于文化素质的限制，往往只能滞留在依靠传统经验进行生产的有限领域，很难谋求到新的就业门路与工作机会。③ 而接受了一定教育和职业技能培训的农村劳动力，具有了在非农就业的技能之后，对比城乡生活的巨大反差，多数会选择到城市就业，从而推动承包地流转。

4.3 激活农村承包地流转的动力

农村承包地流转中缺乏动力，会使流转中缺乏有效的需求与供给。而需求与供给是商品市场存在的前提。因此，要想培养农村承包地流转市场，必须激活其动力。只有激活农村承包地流转中的动力，使农户通过流转提高自己的收

① 车裕斌. 中国农地流转机制研究［M］. 北京：中国农业出版社，2004：122.

② 邵书慧. 农村承包地流转动力机制探索及其经济学分析［J］. 科技创业，2009（11）：17-18.

③ 申培轩，文华. 论成人教育与农村劳动力转移［J］. 中国成人教育，2002（2）：77-79.

入，他才愿意将承包地流转，土地市场上才能有供给；只有激活农村承包地流转中的动力，一些农业组织才愿意到农村进行投资，土地市场上才会有需求；只有激活农村承包地流转中的动力，基层干部才会积极为农村承包地流转牵线搭桥，进行积极引导。因此，激活动力对于农村承包地流转具有至关重要的意义。

激活农村承包地流转中的动力，主要从以下几个方面着力。

4.3.1 优化产业结构 大力发展二、三产业

在经济发展中，无论是经济发展目标的实现，还是经济效益的提高，优化产业结构都处在十分重要的位置。优化产业结构，能使产业结构达到协调和平衡。产业结构优化是个动态的过程，在不同的经济发展阶段，优化内容有所不同。产业结构优化应遵循的原则是协调发展和最高效益原则，并根据一定时期的人口素质、科技水平和消费结构，对不合理的产业结构进行调整，实现资源要素的合理配置，使各产业间及其内部相互协调，从而使经济效益最大化，满足社会经济发展的要求。

当前，我国经济结构中依然存在着三产业间及其内部结构不合理的现象。这就要推进产业结构优化升级，形成以高新技术产业为先导，以基础产业与制造业为支撑，新型服务业全面发展的产业格局。要发展高端制造业，用高新技术装备制造业，使其赋有知识密集、关联性强、成长性好、附加值大及科技含量高等特点，以改变当前制造业能耗高、效益差和产出低的现状。同时，要大力发展现代服务业。现代服务业是依托现代信息技术和现代管理理念发展起来的，具备“高技术含量、高人力资本含量、高附加价值”和“新业态、新技术、新方式”的特征，既包括新兴的服务业，也包括对以前传统服务业的改造与提升，其本质是实现服务业的现代化。①

优化产业结构和促进二、三产业的发展是相互关联的。在二、三产业发展过程中，要按照结构协调来进行，摈弃经济发展中的“地区主义”。同时，也要吸取以前的教训，特别是在农村企业发展上，不能再采取遍地开花的方式，大办乡镇企业。实践证明，乡镇企业不是成功的模式，破坏了环境，又留下了很多社会问题。应把工业向园区集中，使工业生产的废料、废渣、废水等能够得到很好的处理，不能再以牺牲环境的代价来换取 GDP 的增长。

---

① 王志明，张斌，方名山．现代服务业的内涵界定与分类［J］．上海商业，2009（6）：6-10.

4.3.2 加快小城镇建设 改善农民的居住环境

在城市化进程中，应加快小城镇建设。小城镇既是大城市某些功能的自然延伸，同时也是当地政治、经济与文化的中心，又是连接大城市与农村的桥梁和纽带。小城镇不仅能成为吸纳和接纳大城市功能辐射的地区，还能成为具有一定辐射及带动作用的农村局域经济和文化中心。小城镇的聚集效应可以增强农村的生产能力和农产品的科技附加值；加快小城镇建设，可以引导农村产业结构调整的方向。① 当前，在我国整个城镇化进程中小城镇处于不可替代的重要地位，它处在城镇体系的中心及上下结合点，下连广大农村和农民、上接大中城市，具有点多面广、与农村经济发展和农民联系紧密、人口转移的半径短、农民进入门槛低、成本低、发展潜力巨大等比较优势，是吸纳农村剩余劳动力的主要渠道，还是实现城乡协调发展的主要力量。②

加快小城镇建设，要对小城镇进行合理布局，使小城镇能够充分发挥对农村经济的辐射与带动作用，使小城镇成为农村局域经济的中心；要完善小城镇的各种配套功能，搞好基础设施、公共娱乐，以及环境与生态建设，在突出地方特色的情况下，使小城镇成为农村转移居民的居住中心；要加强小城镇的文化设施建设，增加小城镇的品位，使其成为传承地方传统文化和传播精神文明的中心。

4.3.3 夯实农业发展基础 转变农业发展方式③

近年来水灾、旱灾不断，应该加大对农业的投资力度，不断夯实农业发展的基础。要加强以农田水利为重点的农业基础建设，切实加大投入力度，加快建设步伐，尽快改变农业基础设施长期薄弱的局面；要继续加强大江大河大湖治理，逐步推进重点中小河流治理，加快大中型水利枢纽工程建设；要大力推进大中型灌区续建配套和节水改造，加快末级渠系建设；要大力发展高效节水灌溉，支持山丘区建设雨水集蓄等小微型水利设施；要大力建设高标准农田，重视耕地质量建设，加大投入力度，支持农田排灌、土地整治、土壤改良、机耕道路和农田林网建设；要扩大测土配方施肥、土壤有机质提升补贴规模和范

---

① 郭蕊. 加快小城镇建设是解决“三农”问题的重要途径［J］. 理论探讨，2006（2）：87-89.

② 李前春. 关于加快小城镇建设的几点思考［J］. 农村经济与科技，2007（9）：54-55.

③ 本部分内容根据笔者发表在经济日报2010年4月12日理论版的文章“进一步夯实农业农村发展基础”修改而成。

围，推广保护性耕作技术，实施旱作农业示范工程，对应用旱作农业技术给予补助。

同时大力发展现代农业，增加农业科技的投入，注重新型农机具的研发和农业新技术的创新与推广，用现代科技装备农业，不断提升农业的科技水平，提高农业的生产效率，推进农业发展方式的转型。要增加农业的科技含量，提高农业的附加值，增强其适应市场经济的能力。要使农业增长由速度主导型向效益主导型转变，由产值主导型向结构主导型转变，由数量主导型向质量主导型转变。[①] 要创新农业科技知识，建立现代农业科技体系，为农业注入大量的现代科技要素，促进新的农业科技革命发生。要按照农业产业的特点，在基础性研究、应用研究与高新技术开发研究及农业管理领域不断创新。[②] 要加强农业基础地位，推进农业和农村经济结构调整，在确保粮食增长的前提下，健全农产品质量安全体系，保护和提高粮食的综合生产能力，增强农业的市场竞争力。

4.3.4 强化基础教育 加快职业技能培训

强化基础教育，要继续落实国家九年义务教育目标。尽管全国大部分地区“普九”教育在20世纪90年代就已达标，但是一些地方上报数字存在严重的“水分”，有掺假现象，农村学生的流失现象依然存在。在一些“老、少、边、穷”地区适龄儿童由于家庭经济困难和中小学布局不合理仍然有辍学现象。这就要求继续关注农村弱势群体家庭的儿童教育问题，继续在“普九”上下功夫。同时，对农村“普九”的考评要采取不定期的检查，使其能落到实处。还应对农村困难家庭孩子读书采取一定的补助，特别是对一些山区，离家较远的学生，应给予必要的生活补助，真正实现“义务”教育。

要加快职业技能培训，建立和健全覆盖城乡的培训，不断提升劳务经济总体水平，努力实现劳务经济由数量型向数量质量并重型转变。着眼于为现代农业建设提供强有力的人才和智力支撑，充分利用农广校、广播体系，加强农村劳动力职业技能培训和创业培训，增强农民转移就业和创业能力。在培训经费上，应采取政府补贴一部分，个人出资一部分，用人单位预付一部分，办学单位微利经营，再吸收社会慈善事业捐款，引入社会资本投入等办法，搞好农民技能培训与职业教育；在培训项目上，应根据农民年龄、兴趣爱好、拟求职岗

---

① 杨继瑞，杨明洪．农业增长方式转型研究［M］．成都：四川大学出版社，2001：39-40．

② 陈志兴，楼洪兴．中国发展现代农业的对策选择［J］．中国农学通报，2005（9）：452．

位和从业经历，有针对性地实施一些短期或长期的技能与学历培训；在培训机构上，应充分发挥现有职业中等学校与职业学院，以及各种培训机构的作用，利用它们在师资、专业技能和实习场地等方面的优势。同时，政府还应对参与培训的农民实行定额补贴，鼓励一些有远见的企业家对本单位员工进行继续教育方面的培训。① 培训要适应农村劳动力转移的需要，适应发展现代农业的要求，扩大农村劳动力转移培训的"阳光工程"规模，大力实施"新型农民科技培训工程"，围绕主导产业、培训专业农民、进村办班指导、发展一村一品。②

① 吴健辉，黄志坚. 新农村建设下的农民职业技能培训体系探讨 [J]. 河北农业科学，2008 (12)：159-161.

② 万宝瑞. 发展现代农业是新农村建设的首要任务 [J]. 求是，2007 (7)：45-47.

5 健全农村承包地流转中的市场机制

在市场经济环境下，一切商品和生产要素的交换都需要在市场上进行。农村承包地作为农业生产最基本的生产要素其流转也需要在市场中进行。只有通过市场的价格发现、承包地供求均衡和非均衡的交替、农户市场主体地位的确立及其之间的相互竞争机制，才能使承包地流转用市场机制来调节，从而实现“流转机制是市场而不是计划”。

一个健康运行的市场必须要有与之相配套的完整的市场体系和健全的市场机制。完整的市场体系是各类市场在相互作用、相互联系过程中形成的市场有机整体。现代市场体系具有竞争性、开放性、统一性和有序性等特征。市场机制是市场经济的灵魂。市场在配置资源方面基础性作用的发挥，靠的就是市场机制。市场机制是市场中存在的价格、供求、竞争和风险等在市场要素之间相互制约、相互作用的关系。① 价格机制是在市场经济中通过市场价格来反映商品的供求，并影响供求，实行资源的优化配置的一种机制；供求机制是通过商品、劳务和各种社会资源的供给与需求的运动来影响生产要素组合的一种机制。竞争机制是指在市场经济中，各个经济主体之间为自己利益而相互展开竞争，并通过价格竞争，依照优胜劣汰调节市场运行。

5.1 农村承包地流转中的价格机制

承包地流转的价格机制是承包经营权价格变动与市场供求变动之间的相互关系和作用，它是承包地流转市场机制的核心。承包地的价格机制包括价格形

① 哜光. 社会主义政治经济学教程［M］. 北京：中国财政经济出版社，1989：193-194.

成机制和价格作用机制。前者指影响承包地流转价格形成的诸因素综合形成了市场价格，后者指承包地流转价格对社会经济的作用。

5.1.1 农村承包地流转中的地租

1. 农村承包地地租的含义

人类最早的经济活动是围绕农业进行的，因此，经济学家对地租和地价的研究也较早。无论是早期经济学鼻祖亚当·斯密，还是后来的大卫·李嘉图都对地租地价理论进行过研究。马克思也曾对地租地价进行过分析。他认为："地租不管属于何种特殊的形态，它的一切类型，总有这个共同点：地租的占有是土地所有权由以实现的经济形态；并且地租又总是以土地所有权，以某些个别人对于地球某些部分有所有权这一个事实，作为假定。"[①] 在此马克思认为地租就是由土地所有权带来的。

我国对土地经济较早进行研究的经济学家周诚认为，在市场经济中，地租是使用土地的代价——土地使用者向土地所有者缴纳的使用土地的代价。而地价是土地所有权的价格——是土地资产保有者所拥有的资产金额，是出售土地所有权可取得的金额，也是购买土地所有权应付出的金额。因此我们可以说，地价是土地所有权在经济上实现的直接形式。[②] 在此，他把地租和地价来源看作土地所有权和使用权交换的产物。而洪银兴认为，土地具有价格的原因是地租的资本化，土地价格实质上就是地租的价格。地价、地租的本质是由土地所有权性质所决定的，它们是土地所有权能够借以实现的经济形式。土地的有偿使用实质是土地所有权经济上的一种实现形式，即是获得土地使用权所需的经济条件，也是土地价格一种具体的形式。[③]

尽管不同学者对地租和地价内涵的理解有所不同，但始终都是围绕着土地的所有权和使用权。要么是把地租和地价都归于土地的使用权上，要么把地租归于使用权，而把地价归于所有权。基于我国农村承包地的特殊情况，研究承包地流转中的地租、地价不可能涉及其所有权，如果涉及所有权，就是对农业用地的征用，就不属于"流转"的范围。因此，笔者认为，农村承包地流转中的地租是受让方给承包方使用其承包地的代价，而地价是承包地经营权转让所获得地租的货币表现。

---

① 马克思. 资本论：第 3 卷［M］. 北京：人民出版社，1953：828.

② 周诚. 土地经济学原理［M］. 北京：商务印书馆，2003：303-304.

③ 洪银兴，葛扬. 马克思地租、地价理论研究［J］. 当代经济研究，2005（8）：3-7.

2. 我国农业地租的演变

我国农业地租在1949年之后经历了一个演变过程。中华人民共和国成立初期，在土地改革完成之后，尽管土地属于农民自己所有，但农民需给国家上缴公粮。公粮的价格不是按照市场价格，而是远远低于市场价格，这种价格之差，笔者认为就是地租。而这种地租是国家凭借自己的政权而产生的，实质还是因为农民不具有完全的土地所有权。到人民公社时期，土地属于国有，村集体上缴的公粮价格是政府制定的远远低于市场的价格，这种超低价格和市场价格之间的差额应属于地租的范畴。

从实行家庭联产承包责任制到取消农业税期间，我国农民要上缴的税费包括两个部分，特别是2000年左右，费远远大于税。这时的费属于使用集体承包地所缴的地租。而农业税，笔者认为也应算作地租的一部分。那时，在有些地方出现了负地租的现象，即别人帮助耕种承包地，承包户还要倒贴给钱。倒贴给钱其实并不违背地租理论，只是说明政府的税费过重已超出土地的收益。而能够超出土地收益是政府凭借其权力强制实施的产物，这是由于国家规定承包地不能撂荒，而且没有到承包期限，又不能把承包地退给村集体，于是就产生了这种表面违背地租理论的现象。2006年以来取消农业税费之后，农民使用集体或者国家的土地就不需要再缴地租。而且，国家还对农户进行良种补贴、农资综合补贴和农机具补贴，补贴的目的是提高农民的种粮积极性。

3. 农村承包地地租的分类

农村承包地流转中的地租是拥有承包经营权的农户在转让土地使用权时所收取的租金。由于我国独特的国情，在2003年税费改革以前，种粮处于亏本的状态，而国家又禁止承包地撂荒现象，也由于在二、三产业务工的农民怕在城市失去工作之后没有可靠的保障，在亏本经营的情况下又不愿意放弃，这样就出现了负地租的现象。负地租的出现并没有违背价值规律，恰恰表现了我国地租的特殊形态。

按照马克思的观点，地租分为三类，即级差地租、绝对地租和垄断地租。在级差地租中，根据地理位置和肥力不同而产生的地租叫作级差地租Ⅰ，在同一土地上追加投资产生的超额利润转化的地租叫作级差地租Ⅱ；绝对地租是土地所有权在经济上实现的要求。对土地所有者来说，他不会白白地把土地出租给租地者使用。即使是最差的土地，土地所有者也会向租地者收取地租，这就是绝对地租。垄断地租则是指形成垄断价格的土地产品带来的超额利润所转化的地租。如某些具有特殊条件的土地，能生产出具有垄断价格的特殊产品，因而带来垄断地租。[①] 马克思的地租理论是建立在阶级分析之上的，其研究方法具有理论指导意义。

我国目前的农村承包地地租没有突破马克思地租理论所划分的三种形态。我国目前的农业生产是以小农生产的家庭耕种为主，和马克思分析的资本主义大农场生产不一样。根据笔者调研，在农村承包地流转中，存在级差地租和个别地区的垄断地租。由于是开放经济，农产品不存在垄断现象；又由于市场经济的一个显著特征是经济过剩，因此，绝对地租不存在。将来随着人口增加，耕地变得更加稀缺，那时或许会有绝对地租出现，但现在我国不具有出现绝对地租的条件。

由此可见，目前我国承包地的地租主要是级差地租和垄断地租。

5.1.2 影响农村承包地地租的因素

对地租的影响因素，具有代表性的有杜能，其从运输成本的角度进行研究。他从运输费用的高低研究了土地利用圈的变化，同时还从生产费用和谷价上研究地租，认为这些都是影响地租的主要因素。一般地租收入公式如下：

$$R_l = PQ - CQ - STQ$$

式中：R_l 代表地租；

P 代表农产品的市场价格；

C 代表农产品的生产费用；

Q 代表同于销售量或者产量；

T 代表单位距离的运费；

S 代表土地到市场的距离。

同样，马歇尔认为在影响地租的因素中，最重要的往往是稠密和富裕的人口增长，以及公路、铁路等交通的便利。他还指出，新的交通运输工具对于价值的影响，在土地史上表现得最明显不过了。土地的价值，随着与农产品销售市场的交通的改善而上涨，也随着较远地区参加它的产品市场而下降。[②] 由此可以看出，他们都认为交通条件是影响地租的一个最重要因素。马克思认为“资本化的地租表现为土地价格或土地价值”“土地价格无非是土地出租资本化的收入”[③]。

---

① 艾建国. 中国城市土地制度经济问题研究［M］. 武汉：华中师范大学出版社，2001：81-82.

② 韩彪. 交通运输发展理论［M］. 大连：大连海事大学出版社，1994：8.

③ 马克思. 资本论：第3卷［M］. 北京：人民出版社，1953：815-816.

我国学者温铁军对旧中国的农村基本经济制度进行了研究，指出影响旧地租的因素主要有三个。首先是工农产品相交换的比价，尤其是“剪刀差”对地主收益的影响。其次是借贷利率。由于农业投资的紧缺，高利贷横行乡间。在这些不利于农业的外部环境冲击下，地主可能相应地提高租率。最后是通货膨胀率直接影响货币租率，也会间接影响整个租率。20世纪三四十年代，通货膨胀如脱缰的野马，使地主即使连续抬高地租率也有可能亏尽血本。所以，在20世纪初叶，随着商品货币关系的影响已经占一定比例的货币租，大多在中华人民共和国成立前夕复归为实物租。① 这种回归到实物形态的地租，表明地租是受到宏观经济环境影响的。刘书楷认为地租是一个动态概念。它原指土地出租所获的报酬，但当今西方经济学中的地租已不仅限于土地，而是指物主将其一切不动产如土地、房屋等不动产或生产要素的使用权转让给他人利用所获取的报偿或收入。②

我国当前的承包地制度不同于国外土地私有化，也不同于旧中国的土地制度。因此，在对承包地地租的影响因素方面既有和它们相同的地方，也有不同的地方。相同因素主要包括地理位置、地块形状、土地形态、土地等级、土地用途、税收政策、人口因素、农产品价格、农业和非农产业的产出比、交通状况与通货膨胀率等，这些对任何性质的土地地租都会有影响；而不同因素是土地制度差别和宏观经济环境的差异。我国承包地制度是建立在家庭经营基础之上的，在所有权属于集体的情况下，家庭拥有一系列的权束。特别是在我国取消农业税费，并进行粮食补贴情况下，这对地租也产生了很大影响。

农村微观经济组织也是影响地租的一个因素，微观经济组织的存在可以增强与对方的谈判和讨价议价的能力。而这种微观经济组织必须是明晰产权的代表。建立产权明确的经济组织为经济繁荣的先决条件，这已是经济学的一个基本信条。③

5.1.3 农村承包地流转租金及模型修正

地价是通过地租还原而得到的。马克思认为，土地价格无非是资本化的地租，它不是土地的购买价格，而是土地提供的地租的购买价格，是按普通利率

---

① 温铁军. 中国农村基本经济制度研究——“三农”问题的世纪反思［M］. 北京：中国经济出社，2000：97-98.

② 刘书楷. 土地经济学［M］. 北京：地质出版社，2000：74.

③ 王振中，杨春学. 中国经济学百年经典（下）1979—2000［M］. 广州：广东经济出版社，2005：865.

计算的。① 地价实质就是对地租的还原。

由于我国承包地的所有权不能买卖，当前我国承包地流转中的地价就是对承包地经营使用权流转租金的还原。因此，影响承包地地价的因素也和影响地租的因素相同。

1. 农用地估价理论

2003年国土资源部公布了《农用地估价规程》②。该规程首先对一些农用地估价相关的名称进行定义。如把农用地价格定义为："农用地价格是指在正常条件下，相对估价期日，依据农用地的自然因素、社会因素和特殊因素等，农用地所能够实现的价格。""农用地基准地价是指县（市）政府根据需要针对农用地不同级别或不同均质地域，按照不同利用类型，分别评估确定的某一估价期日的平均价格。""农用地宗地价格是指具体某一宗农用地在正常条件下于某一估价日的评估价格。"

该规程提出了农用地估价的基本原则。这些原则包括预期收益原则、替代原则、报酬递增递减原则、贡献原则、合理有效利用原则、变动原则和供需原则等。其把农用地价格的影响因素归纳为自然因素、社会经济因素和特殊因素等。同时，该规程给出了农用地的估价方法。包括：

（1）收益还原法

收益还原法指将待估农用地未来各期正常年纯收益（地租），以适当的土地还原率还原，从而估算出待估农用地价格的一种方法。用公式可以表示为：

$$P = (R - C)/i = A/i$$

式中：P是土地价格；R是土地总收益；C是土地总成本；A是纯收益，也就是总收益减去总成本的差；i是土地还原率。

（2）市场比较法

市场比较法是根据替代原理，将待估农用地与近期市场上已发生交易的类似的农用地进行比较，并对类似农用地的成交价格进行适当的修正，以此估算待估农用地价格的方法。其基本公式是：

$$V = V_E \times A \times B \times D \times E$$

式中：V是待估宗地价格；V_E是比较实例价格；A是待估宗地情况指数/比较实例宗地情况指数=正常情况指数/比较实例宗地情况指数；B是待估宗地估价期日地价指数/比较实例宗地交易日期地价指数；D是待估宗地区域因素条件指

① 闫天龙，曹照平．土地估价指南［M］．北京：机械工业出版社，2004：34.

② 本部分内容主要来源于2003年国土资源部发布的《农用地估价规程》。

数/比较实例宗地区域因素条件指数；E 是待估宗地个别因素条件指数/比较实例宗地个别因素条件指数。

（3）成本逼近法

成本逼近法是以新开垦农用地或土地整理过程中所耗费的各项客观费用之和为主要依据，再加上一定的利息、利润、农用地增值收益和应缴税金，并进行各种修正来确定农用地价格的方法。成本逼近法的公式是：

$$V = E_a + E_d + T + R_1 + R_2 + R_3 = V_E + R_3$$

式中：V 是待估农地价格；E_a 是土地取得费；E_d 是土地开发费；T 是税费；R_1 是利息；R_2 是利润；R_3 是土地增值；V_E 是土地成本价格。

（4）剩余法

剩余法是在预测开发完成后农用地正常交易价格的基础上，扣除预计的正常开发成本及有关专业费用、利润、利息和税收等，以价格余额估算待估农用地的方法。其基本公式是：

$$V = P - C - R_1 - R_2 - T$$

式中：V 是待估农地的价格；P 是农用地正常交易价格；C 是预计的开发成本及有关专业费用；R_1 是利润；R_2 是利息；T 是税收。

（5）评分估价法

评分估价法是按照一定原则，建立影响农用地价格的因素体系和因素评分标准，依据因素评分标准对待估农用地的相应条件进行评价赋分，按其分值的大小，乘以客观的农用地单位分值价格，从而得到农用地价格的一种估价方法。其基本公式是：

$$P = C \times S$$

式中：P 是待估农地价格；C 是农用地单位分值价格；S 是农用地总得分。

而对于我国承包地流转，一方面承包地是农用地，因此在估价时可以借鉴这些方法；另一方面，本书所指的流转是狭义的概念，不包括对承包地的征用，因此这些方法在实践中有待修正。

2. 各地农村承包地流转中租金计算实践

根据笔者调查，当前，农村承包地流转租金估价基本上是采取收益还原和市场比较法居多，但各地农村承包地流转中又根据自己实际形成了具有自己特色的估价模型。其中具有代表性的有以下几种：

（1）对于承包地出租的租金计算

①在安徽阜阳与河北泊头，农地转包和出租的租金一般采取一亩地直接给

多少钱的计算方式。农地租金往往根据土地区位不同以及土地的不同用途而有较大差异。可以把这种租金计算方式，用以下模型表示：

$$R_l = p_i n$$

式中：R_l 是农地流转总租金；p_i 是每亩农地流转租金；n 是地亩数。

在这种模型中，p_i 的值是采取市场比较法来确定的，主要是参照同类农地的市场区位和流转后的用途。如阜阳市郊的颍州区清河街道办事处的农户把农地出租给其他农户进行大棚蔬菜种植，每亩出租价格一般为800~1 200元，距离市区较远的为500元左右。如果种植粮食，每亩则为100~300元。而在河北泊头，流转后种植粮食的农地，租金一般为100~200元。

据笔者调查，现在有些地方依然采取直接给实物地租的方式。这主要是因为土地在本村农户之间的流转居多。在北方主要参照小麦产量作为地租计算依据，南方主要是参照水稻产量。这种把实物作为地租的计算方法可用如下公式表示：

$$R_l = nq_t$$

式中：R_l 是农地流转总租金；n 是地亩数；q_t 是当年参照的某种粮食的平均产量。

而且在流转过程中，如果遇到自然灾害，一般承包户鉴于受让方没有或有很少收成，就不要或者减免其应该给的粮食。

②在四川成都市浦江县寿安镇农地转包中地租是用把水稻产量作为标准，价格每年随市场行情变化而变化。该计算方式可用如下模型来表示：

$$R_l = qnp_t$$

式中：R_l 是农地流转的总租金；q 是当年每亩水稻的平均产量；n 是家中出租农地地亩数；p_t 是当年某月份水稻的平均市场价格。

在浦江县寿安镇的农地流转中，双方约定租期是30年，地租每年结算一次，折合成现金，一次付清，并把水稻产量 q 定为350千克/亩。例如，如果某年11月份市场上水稻的价格是3元/千克，则当年每亩租金是1 050元。该种租金计算中把水稻的市场行情变化考虑进去，但没有考虑30年间水稻的亩产量会发生变化这个因素。

（2）对于农村承包地入股建立合作社的租金计算

农户将农地入股建立合作社与出租、转包的租金计算有所不同。四川成都市双流县彭镇农民葡萄种植合作社就是农民通过农地入股的方式加入合作社，租金包括固定加浮动两个部分。固定部分是合作社不根据收成好坏给入社农户的部分，而浮动部分，则是根据当年合作社利润给农户的分红。这种租金计算可用下面模型来表示：

$$R_l = n(p + m_l)$$

式中：R_l 是农地流转的总租金；n 是农户加入合作社的地亩数；p 是每亩农地的固定租金；m_l 是每亩农地当年的分红。

近几年，合作社把每年的固定租金 p 定为 400 元/亩，分红则根据合作社的盈利情况来确定，每年的分红基本都在 1 000 元以上。而且，合作社农户也可以到合作社里参加劳动，挣取工资。

3. 农村承包地流转租金模型修正

（1）农地流转中租金模型需要修正的原因

①在农地短期流转中很少考虑自然灾害影响农作物产量变化。而在当前我国农业生产条件下，农业生产并没有完全摆脱靠天吃饭的局面。农业的抗自然灾害能力偏低，旱灾、涝灾、雪灾和风灾，往往会造成农业产量减少或绝收。如果流转双方只是采取口头承诺，或者在合同中没有考虑这些因素，就会产生纠纷，影响农地流转。

②在农地长期流转中对农作物产量变化的因素考虑不周。各地农村在农地流转的实践中形成了不同的租金估算方法。这些方法有的参照某一作物的产量，再折合成现金；有的参照价格，再加上一定的分红。对于短期农地流转来说，这些方法都是行之有效的；而对于长期流转，其就存在着不足之处。如对于参照某一作物的计算方式，没有考虑在一个较长时期，农作物产量也在不断发生变化，特别是基本农作物如小麦、水稻和玉米等产量都在不断提高。

（2）农地流转租金修正应考虑的因素

①农地最基本功能是粮食生产，所以流转的租金应能够买到相当数量的粮食；同时，为了避免风险，在对模型修正时，租金应主要锁定当地主要粮食作物的产量，而且粮食亩产量每年应该有所不同，在正常情况下，随着科技水平的提高和农业的发展，单位粮食亩产量应该不断增长。

②应把粮食价格的变化考虑进去。正常年份，也就是在正常的气候条件下，亩产量应参照当年粮食产量的平均值，如果遇到旱灾或者涝灾，亩产量则应由双方协商参照亩产量，并锁定主要农作物的市场价格。

③2003 年国土资源部颁布《农用地估价规程》。该规程提出了农用地估价的基本原则，包括预期收益原则、替代原则、报酬递增递减原则、贡献原则、合理有效利用原则、变动原则和供需原则等。其把农用地价格的影响因素归纳

为自然因素、社会经济因素和特殊因素等。同时，该规程还给出了农用地的收益还原、市场比较、成本逼近、剩余和评分估价等方法。在此，笔者予以吸收借鉴。

（3）农地流转租金模型的修正——租金锁定法

①出租与转包的流转租金修正模型：

$$R_l = q_t n p_t$$

式中：R_l 是农地流转总租金；q_t 是每亩农地的当年锁定的粮食产量，如果遇到灾害年，则以双方事先协商的产量为依据；n 是农户出租的农地亩数；p_t 是当年锁定粮食的平均市场价格。

②用农地入股的农户，其在合作社租金修正模型为：

$$R_l = n(p_t + m_l)$$

式中：R_l 是加入合作社所获得的总流转租金；n 是农户加入合作社的地亩数；p_t 是每亩农地的固定租金；m_l 是每亩农地当年的分红。在此，笔者认为，p_t 也应该参照当年基本农作物所确定的固定租金。

笔者通过调查、比较发现，在农户之间的土地流转中把粮食作为地租的相对较多；而在农户和公司之间的流转或者农户入股组建合作社流转中，把实物作为地租的则不多。这主要是因为农户之间的流转依然用来种粮的较多，而公司或者合作社，真正用来种粮的就很鲜见。流转后，有的承包地就用来种植果树或者其他经济作物。这样，公司给农户的租金主要是货币地租，公司不会自己拿钱到市场上买粮食然后再分给流转户。

5.1.4 农村承包地流转年期的合理确定

承包地流转年期太短或者太长对流转双方利益或者农业经营都会造成一定影响。如果流转期限过短，受让方就不愿在土地上进行基础设施方面投资，从而使农业生产缺乏后劲；如果流转期限过长，尽管会有利于受让方投资，但又会面临许多不确定性，会使承包地地租还原率无法确定，年金折现很难计算。因此，农村承包地流转中应确定一个合理的年期。

在我国农村土地承包年限为 15 年和 30 年时，曾规定流转期限不超过剩余的承包期限。而现在承包期限变成长久之后，流转期限也应随之发生改变，流转也应该确立合理的年期。

首先，从生命周期表和中国人口寿命状况上来估计。这种思想主要是配第创建的。配第在《赋税论》中推断，在英格兰一块可自由买卖的土地自然价值，等于祖、父、孙三代人通常可以同时生存的年数。根据英国当时的生命统计表，这个年数约为21年。他认为很少有人会挂虑再下一代的孙子。这个推论的创见在于配第把地租归结为剩余劳动，也就是归结为剩余价值之后，指出土地的价值不过是一定年数的地租总额，或者说是地租的资本化，从而深刻地揭示了地租的本质。① 由此可以看出，配第把21年的地租总额作为土地的价值。

借鉴配第的理论，当前，我国居民的平均寿命在72岁左右，如果也按照祖孙三代来计算，那么他们共同生活的年代应该为24年。从这个方面来推算，农村承包地的最长租期应不高于24年。

其次，从银行的借贷利率上来看。目前，我国银行进行借贷期限最长的是30年。其中存款期限以5年以下的居多，而贷款期限最长的主要是住房按揭贷款30年。鉴于银行利率变化比较频繁，而且物价微涨在经济发展中是个普遍的现象。如果土地还原率以银行利率作为参照，流转期限超过30年，年金的确定就很困难。

再次，从农村承包地基础设施的投资回收期上来看。农村承包地的投资回收期，在不同地区各不相同。基础设施的投资包括土地平整、沟坎整理、水利工程修缮和其他固定投资等。相对地，这些投资回收期也有所差异。如果是用来种植蔬菜的大棚，好年成则两年或三年就有可能收回投资；而如果是用来种植粮食，按每亩地投资500元来计算，依照现在的粮食价格，去掉种子、化肥、机械、农药、人工以及每亩的年租金来算，得5年以上才能完全回收成本。因此，如果承包地的流转期限少于10年，受让方进行投资的意愿就会降低。

最后，参考国内承包地流转中的实践。可将农民的土地承包经营权直接变为土地使用权，取消土地承包经营权的称谓，真正让农民行使对土地的长期使用权，可以将农地使用权的最高年期确定为50年、70年，甚至设立为永佃制。因此，农户拥有初始土地承包经营权的具体年期如何界定，应该根据农民可接受的程度，参考国内有关土地使用权的最高年期与惯例，尽快通过法律法规来明确和规范，以便为土地承包经营权的市场化流转扫清障碍。②

基于以上几点，笔者认为目前我国承包地的流转应以20~30年为合理年期。

---

① 张家庆．地租与地价学［M］．北京：中国国际广播出版社，1991：4.

② 杨继瑞．土地承包经营权市场化流转的思考与对策［J］．经济社会体制比较，2010（3）：67-76.

5.2 农村承包地流转中的供求与竞争机制

5.2.1 农村承包地流转中的供求机制

供求机制是商品市场上发挥作用及运行的重要机制，它是由商品供给和需求两个方面相互影响、相互制约、相互作用而形成的。[①] 为此，首先要了解供给与需求的内涵。对于供给和需求，马克思进行过定义。他认为供给等于某种商品的卖者或生产者的总和；需求等于这同一种商品的买者或消费者（包括个人消费和生产消费）的总和。而且，这两个总和是作为两个统一体，两个集合力量来互相发生作用的。[②] 由于我国农村土地的承包经营权具有商品属性，因此，承包地供给是农村承包经营户在一定时期内投入承包地交易市场可以出售使用权的承包地；而承包地需求是从事农业生产的组织或者农户在一定时期在土地市场能够购买的承包地。

为此，农村承包地流转的供求机制涉及：流转的主体，即谁是供给者和需求者；流转的客体，即具有承包经营使用权的土地和一定时期内的可供量；承包地供给和需求的内涵，即承包户愿意出售的承包经营（使用权），以及受让方有愿望而且具有支付能力的购买。

农村承包地流转是一个从不均衡到均衡，又从均衡到不均衡不断变化的过程。这种供给和需求相互作用的过程实质就是价格机制、竞争机制发生作用的过程，使市场机制最终得以发挥作用。

从短期来看，由于农村承包地流转价格升高，会使流转的土地增多，这样供给是存在弹性的。价格降低，则供给减少，但价格过高，又会引起需求减少，最终使供给和需求处在一个双方都可以接受的价格均衡状态。如果供给或者需求一方发生了变化，则供求双方就会相互作用，最后在新的价格上达到均衡，如图 5-1 所示。

---

① 叶万春．商品流通经济学［M］．武汉：武汉工业大学出版社，1998：135.

② 马克思，恩格斯．马克思恩格斯全集：第 25 卷［M］．北京：人民出版社，1974：216.

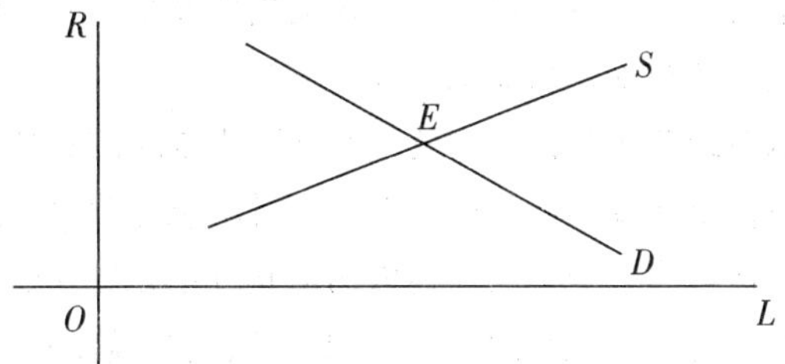

图 5-1　短期承包地流转市场均衡

而从长期来看，由于我国耕地数量有限，加上新开垦土地或者新整理土地的数量，再减去每年耕地转为建设用地的数量，耕地数量的变化不会太大。因此，耕地供给将缺乏弹性，是一条直线，其价格会随着需求的增加而增加。无论价格多高，供给将保持不变，需求的增加不会使耕地供给增加，而只会使价格上升，从而使供求双方在较高的点上达到平衡，如图 5-2 所示。

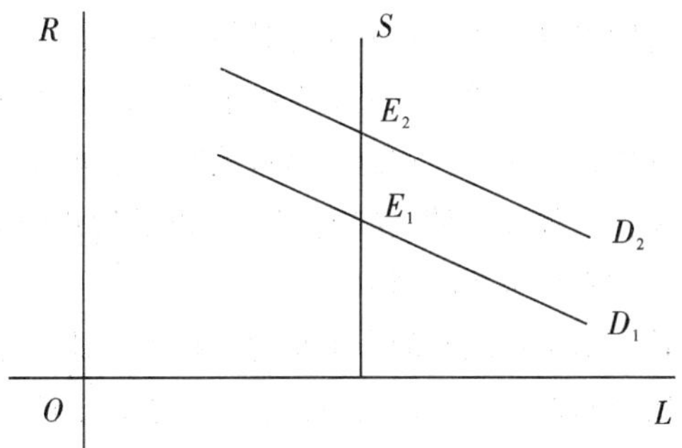

图 5-2　长期承包地流转市场均衡

如图 5-2 所示，S 是长期承包地供给线，由于长期承包地供给基本上保持一定，所以其呈现垂直状。在需求为 D_1 时，它们的均衡点为 E_1；当需求增加到 D_2 时，供给依然为 S，它们就在新的均衡点 E_2 上达到均衡。

5.2.2　农村承包地流转中的竞争机制

在市场经济条件下，竞争机制是各经济主体为使自己利益最大化而优胜劣汰的竞逐关系及其内在机理。竞争机制是市场经济发展的必然产物。竞争在市场经济的各个领域展开，有经济主体之间买卖各方或者双方的竞争，也有质量、价格、品种、信息、人才和服务间的内容竞争。竞争是市场经济的活力所在，要提高商品质量，推动产业升级，就必须有竞争机制。

同其他商品一样，在农村承包地流转达到一定态势之后，承包经营权在转让时也会存在竞争机制。竞争可以提高承包地利用效率，使受让方改善经营管理，采用新的农业生产技术，从而推动农业发展。

但是，农村承包经营权转让中的竞争又不同于普通的商品竞争。普通商品是单个的竞争，而在土地规模经营情况下，农村承包经营权转让中的竞争是以小地块所组成的大地块为一个单元而构成的与其他单元之间的竞争，或者是一单元地块中不同受让方之间的竞争，如谁出的租金高就给谁（在保持土地肥力不变和不损坏地力的情况下）。从承包方的角度来看，这种竞争实际上是农户之间的协同竞争，而不是一个单元内的小地块之间的竞争。在安徽皖北农村承包地流转中，已出现类似的情况。一单元地块与另一单元地块之间的竞争导致交通便利、排灌较好土地的地租相对要高些。单元地块间的竞争要求在一个单元之内，各承包方能够协调一致，不会出现“钉子户”，否则会影响整个地块的流转。这是承包方单元地块之间的竞争。在农村承包地流转中也会有买卖双方之间的竞争，通过买卖双方之间的竞争使地租、地价确定在一个合理的范围之内。从受让方角度来看，竞争是需求之间的竞争。需求方为了获得想要的土地，往往在租金、作物种植或者对土地保护上采取承诺的方式来获取竞争上的优势。笔者调查发现，一些农户在出租承包地时，不光对土地租金，而且对土地使用方向、作物种植种类、使用农药多少，以及使用时间的长短都关注。这些都是受让方竞争时必须考虑的因素。

农村承包地流转中承包户之间的竞争是建立在单元地块之间差别不大的基础之上的，如果地块之间差别过大，就不会引起竞争，会使一些具有特殊用途的地块产生超额利润，而一些较差地块只能索要较低的地租。

农村承包地使用权流转中的竞争机制是围绕着价格而展开的，同时又有品质（地理位置和质量等级）方面的竞争。竞争机制把土地资源配置到生产效益较高的农户或者农业组织。尽管目前在承包地流转中竞争机制还没有完全发挥作用，但随着流转的加快，农村土地市场中介的建立，以及市场主体权能的完善，竞争机制会在承包地流转中起到越来越重要的作用。

5.3 健全农村承包地流转的市场机制

农村承包地流转中市场机制的发挥需要一定条件。这些条件包括：流转主体具有处置自己承包经营权的能力，流转具有明确的客体——承包地，流转有形市场和无形市场的构建，以及完善的市场体系等。

5.3.1 塑造农村承包地流转的主体

农村承包地流转要有明确权能的主体，只有如此，才能使农村承包地流转有实实在在的参与者。

首先，对农户进行“确权赋能”，使其成为具有完全经营使用权的市场主体。产权作为一组权利，其边界应明确，不能模糊不清，谁享有何种权利，相对应的责任应当明晰。[①] 农村承包地所有权属于集体或者集体经济组织，承包经营权属于农民。要在产权上界定“集体”和农户双方具有什么样的权利。集体作为发包方其权利在《农村土地承包法》中已有规定。但是，有些“集体”的领导，会利用农民对法律的不了解，对农村土地使用与流转进行干涉，特别是在对农村预留机动地处理上，集体领导总是具有决定权。这也是近年来农村预留机动地有些被“非农化”和“非粮化”的原因。因此，要对承包经营权进行界定，明确农户具有哪些权利。在这方面，成都市对农户进行确权的方案具有可借鉴性。其做法是对农户的耕地、林地和宅基地都进行认定，并颁发权属证明，使农民明确自己具有什么样的权能，为自己所承包经营土地流转奠定了基础。

对农户的权能进行确认，不是简单地核实农户有多少承包地，然后就发给土地承包证，最好是结合确权，对农户的土地进行互换或者重新调整。互换可使农户的承包地相对集中，改变一家几块承包地、地块零散、耕种与流转都不方便的状况；局部调整能改变过去多年积累的“增人不增地、减人不减地”留下的问题，真正使愿意耕种的农民有地可种。

其次，组建新型的农业生产合作社。市场经济发展会促使合作社的产生。从世界各国经济发展的实践上来看，这是一个普遍的规律。市场经济在推进生产力快速发展的同时，不可避免地也带来了社会两极分化，产生一大批的弱势群体。要提高自己的生活水平，摆脱窘境，弱势群体只有联合起来，才能维护自己的切身利益，于是合作社就产生了。世界上市场经济发育比较早的国家，其合作社产生到现在已有160多年的历史。[②] 在我国向市场经济转轨和推动农村承包地流转的进程中，也需要发展合作社，特别是要发展农户间新型的生产合作社。

新型合作社，不同于我国历史上曾出现的合作社。1956年我国在对农业

---

① 杨红. 中国农村公共产品特殊论［M］. 北京：中国税务出版社，2006：159.

② 白立忱. 为什么要发展合作经济［N］. 人民日报，2004-11-29（13）.

进行社会主义改造后的合作社，从生产资料所有权上看，无论是初级合作社还是高级合作社都属于生产资料公有范畴，既包括农村土地的所有权，也涵盖了使用权。有些农民之所以加入是“被自愿”的，结果使农村生产力被束缚，造成了吃大锅饭以及后来的假繁荣现象。而新型农业生产合作社是以市场为导向、以农户为主体，以资本运营为纽带，围绕着效益，实施生产、加工、销售一体化经营模式，具有新型组织形式和利益的共同体。这种合作社是利用现代生产技术，进行规模化、产业化经营，从事农业商品生产的以新型经营权入股的组织。

鼓励组建新型的合作社，政府要积极加以引导、规范与服务。当前大多数的合作社，主要是农民把承包地作为股份加入，然后由一家公司进行主导。农民加入合作社所得到的收益包括入股的固定收益、入股分红、粮食补贴，以及耕保金（主要是成都地区）等。而且，多数的合作社都是以种植经济作物为主，如有农民葡萄种植专业合作社，也有农民猕猴桃种植专业合作社，纯粹进行粮食种植的专业合作社很少。其原因主要是粮食种植的收益较低。这就要求政府要积极引导，使农民合作社以种粮为主；同时对于出现的“非粮化”的合作社要予以规范，使种粮的土地仍然种粮。政府对农村合作社在组建、管理与运行中出现的问题应转变工作方式，要积极解决，牵线搭桥，做好服务。

最后，鼓励农村种粮大户发展，培育承包地流转的需求主体。种粮大户是懂得现代农业生产技术，利用农业科技的新型农民。其生产采用现代的农业机械，以突破小农经营的模式，按照市场的要求进行生产经营。种粮大户实质是家庭式农场，一般具有自己的生产设备，在农忙时也会雇人进行收种或者进行田间整理。由于种粮大户一般都是转包本村及附近的土地，其对土地适宜生长的作物、土质成分的了解，以及在转包邻里承包地时具有的优势是其他农业公司所无法相比的，因而更易租到土地。而种粮大户对获得的土地，主要还是用来种植粮食。这既避免了流转中的“非农化”，也避免了流转中的“非粮化”。因此，在当前从事农业的公司还不多的情况下，鼓励种粮能手多转包农户的承包地具有很强的可操作性。

鼓励农村种粮大户发展，要在资金、技术和政策上给予种粮能手实实在在的优惠，使其发展壮大。第一，解决种粮能手资金上的瓶颈。农民贷款难，种粮的农民贷款更难。当前在农村借贷中，农行或者农信社一般都愿意把钱贷给从事二、三产业的农民，而对纯粹种植粮食的农民很少提供贷款。要划出专项资金，对农村种粮能手给予扶持。第二，对种粮能手进行技术培训和技术指导。有关部门应结合现代农业发展的特点与趋势，在把新农业技术送到田间地头的同时，也要有步骤地对种粮能手进行免费培训。把其培育成适应市场经济的种粮大户。第三，对种粮能手要在政策上加大扶持力度，不只是在信贷上、技术上进行支持，还要把一些种粮大户吸收到村委会中，使其发挥模范带头作用。

5.3.2 界清农村承包地流转中的客体

农村承包经营权流转即是商品经济发展的产物，也是国家对农村土地政策的重要调整。随着商品经济的发展，物的所有权和使用权可以分别属于不同的对象。农村承包地作为农业生产的要素，就具备了这一特征。因此，可以把其所有权和经营权进行分离，并使经营权可以像商品一样来进行流转。近年来，国家对农村土地的政策，在坚持家庭承包经营这个基本制度的前提下逐渐变得灵活多样。政策的指导者也在不断地总结农村承包地流转中的新变化，并根据农村实情，调整农村承包地政策，如把农村土地的承包期限从 15 年调整到 30 年，再到十七届三中全会提出长久不变。这些都反映出中央政府在所有权不变的情况下，想尽量多给农民承包地权利。

农村承包地流转的客体，是流转中的标的物。我国《土地管理法》第二条明确规定："中华人民共和国实行土地的社会主义公有制，即全民所有制和劳动群众集体所有制。全民所有，即国家所有土地的所有权由国务院代表国家行使。任何单位和个人不得侵占、买卖或者以其他形式非法转让。土地使用权可以依法转让。"我国《土地承包法》第三十二条也规定："通过家庭承包取得的土地承包经营权可以依法采取转包、出租、互换、转让或者其他方式流转。"这表明，农村承包地流转中的客体不是承包地所有权，而是承包地使用权，也就是经营权。

农村承包经营权流转是以不对所有权带来影响为前提的，如果因为承包经营权流转而影响到所有权，则这种流转就不被法律所允许。由于承包地权利是由一个权利束构成的，承包经营权流转也会涉及收益权、处置权等。而这些权利都会在所有权不变的情况下，随着承包经营权流转而变化。

5.3.3 限制农村承包地流转中的受让方

农村承包地的需求方是农户或者从事农业生产的组织，这是流转的受让方。当承包地流转之后，受让方就决定着土地的最终用途。因此对土地的受让方进行限制很重要。在我国台湾地区和日本、美国等国家一般都限制非农成分经营土地，不允许非农生产组织和个人参与到农村承包地流转中，流转也主要是在农业组织或农户之间。这主要是因为非农经营组织从事农业，会对土地进行不合理的利用或者掠夺式经营，造成生态环境恶化和土地质量下降。同时避免非农组织到农村圈地，防止农民利益受损。①

但是，在我国农村承包地流转实践中，对流转的需求方的限制却很少能落到实处。一些地方还处在基层干部不愿问津的状况。其表现在：一是对承包地流转管理上存在职责不清，农业管理部门和土地管理部门间易于相互推脱。二是对受让方的资质很少有人关心，这就使一些流转背离了农业使用方向或种粮使用方向。如在一些地方出现把农业用地流转到种草养花的农家乐上，也有把承包地流转到挖塘养鱼上，使农村承包地种粮和农用性质发生了根本改变。

针对一些工商企业，打着经营农业的幌子到农村进行转包、批租承包地要坚决严防。虽然有些工商企业投资开发农业的积极性很高，但是长期租赁和经营农民承包地会带来很多隐患。其投资农业主要应当从事产前、产后服务，采取多种形式，带动农户发展农业产业化经营，要带动农户，不能替代农户。对于愿意为农业服务的工商企业要支持，而对于打着经营农业的幌子来到农村圈地的要严惩重罚，把承包地流转到真正的农业企业手里。

同时，对于外资企业转包土地的行为要加以杜绝。因为在我国地少人多的情况下，出于农业安全的考虑，承包地流转要限定在农户之间或者农户与国内农业企业之间。如果外资企业转包到农村的承包地，无论其是否用来种植粮食都会对我国粮食安全造成不利的影响。

---

① 赵德臣，胡伟. 农村土地流转中的问题及对策选择［J］. 农经研究通讯，2006（12）：16-27.

6　规避农村承包地流转中的风险

风险是事物发展运行中可能遇到的危险和阻难。① 它具有不确定性，这种不确定性可能产生一定的利益，也可能是损失。农村承包地流转中也存在着一定风险。农村承包地本身所具有的特性，决定了农村承包地流转中的风险，既有一般事物所具有的共同属性，又具有自己的独特性。农村承包地流转中的“非农化”和“非粮化”都是其他事物所没有的风险，都源于农村承包地所担负的粮食安全责任。在土地承包经营权市场化流转中，如果农民的土地承包经营权由于各种原因而丢失，自身既没有新的就业渠道和其他生活资料的来源，社会又没有相应的制度予以保障，就会导致在土地承包经营权流转中农民的失地、失利、失业、失所，从而势必导致农民的绝对贫困现象，以至引发社会的不稳定。② 因此，本章首先分析各种风险及其成因，然后提出了规避各种风险的对策。

6.1　农村承包地流转中的风险及其成因

农村承包地流转主体是承包方和作为受让方的农户或者从事农业生产经营的企业。它在流转过程中会受到自然、市场、政策及经营等方面的影响，而国家、承包方和受让方都会面临不同类型的风险。

6.1.1　农村承包地流转中国家面临的风险与成因

1. 农村承包地流转中的非农化风险

农村承包地流转中的非农化风险是指流转后的承包地不是用在农业上，而

① 马民书. 风险论 [M]. 北京：军事科学出版社，2000：3.

② 杨继瑞. 正确处理农村土地流转中的十大关系 [J]. 马克思主义研究，2010 (5)：36-46.

是用在第二或第三产业上，以致影响国家农业基础地位的风险。由于只有拥有一定数量的耕地才是保障农业生产的前提，在我国耕地使用已捉襟见肘的态势下，如果还把主要用来耕种的承包地流转为非农业用地，将会对我国的农业基础地位构成严重的威胁，处理不好会影响到国家的经济安全，造成巨大的经济与社会隐患。

农村承包地流转中非农化风险源于土地的农业和非农利用在效益上产生着巨大的差异。承包地的农业利用同他用相比处在弱势地位，特别是在城市周边地区，一块田地是用来从事农业还是用于工业和商业，在效益上将会大相径庭。同样，一块田地如果用来建造商业用房，就会使土地几倍甚至几十倍地升值。于是也就有人不顾法律的规定把承包地流转为非农用地。在对承包地的“批租”中就是例证，一些公司把农民的承包地进行长期的“批租”，租到以后又用在其他产业上。由于一些农户贪图较高的“批租”价格，又加上一些地方政府为了增长本地经济，对这种方式的流转睁只眼闭只眼，于是原本用来耕作的承包地就被流转成为非农用地。

2. 农村承包地流转中的非粮化风险

农村承包地流转中非粮化风险指把承包地流转后用来种植花卉、果树等经济作物，有的甚至用来挖塘养鱼等改变承包地的种粮用途，对国家粮食生产所造成的隐患。在一些地方出现的“农家乐”、养殖特种动物和种植经济作物的现象就是非粮化的表现。随着土地流转的不断推进，虽然农民的参与程度不断提高，但流转过程中的非粮化种植现象也日益突出，尤其是转入耕地上的非粮化种植。① 近几年，随着世界性粮食危机的不断出现，粮食安全成为一个不容忽视的问题。吃饭是个无论如何强调其重要性都不过分的问题。承包地流转中的非粮化会影响到我国的“民以食为天”“粮以地为本”，如果处理不好会带来很大的祸端。

农村承包地流转的非粮化风险成因于在承包地农业使用范围内，种粮效益较低下。农村承包地用来种粮或者用于养殖、培育花卉园林或种植经济类作物，会有着不同的利润。另外，我国粮食价格同世界大多数国家相比明显偏低，种植粮食的所得，如果去掉种子、化肥、农药和劳动力成本之后就很少，而如果改为养殖用地或者种植用地，效益就会明显提高。追求成本最小化和利润最大化是市场经济主体最原始的动力，因此农村承包地流转中不可避免地存

① 易小燕，陈印军. 农民转入耕地及其“非粮化”种植行为与规模的影响因素分析——基于浙江、河北两省的农户调查数据［J］. 中国农村观察，2010（6）：2-11.

在着非粮化风险，这是由土地种粮的弱势性所决定的。

6.1.2 农村承包地流转中任一方面临的风险与成因

1. 农村承包地流转中的自然风险

张五常曾从契约的角度把自然风险定义为它对生产价值的方差（或标准差）的自然特征或状态所起的作用。既定的预期收益（缔约双方的总收入）的方差不为零，不同的缔约安排将会在缔约方之间产生不同的收入分配变异。① 而在农村承包地流转中的自然风险是由于自然现象所产生的使流转中一方或双方利益受损的风险。自然风险的产生主要是由自然力不规则的变化所至，如水灾、旱灾、风灾、雹灾，冻灾、虫灾和地震等。它并不是因土地的流转而产生，就算没有农村承包地流转，农业中一样会存在着自然风险。但农村承包地流转的存在，使以前的承包户一方利益受损，变为承包方与受让方双方或者一方利益受损，从而改变了以前的利益分配格局，若处理不好会影响到农村承包地流转的进程，并易产生利益冲突。

农村承包地流转中自然风险的成因主要是相对于其他产业的。农业对自然的依赖性更大，自然无规律变化对农业产生的冲击也更强。近几年，我国每年都有不同程度的水灾、雪灾和旱灾，2008 年四川汶川又发生了震灾。这些自然灾害对流转方的利益都会造成程度不同的损失。由于人类无法准确预测自然不规则的变化，因此自然灾害发生时带来的损失也在所难免。

2. 农村承包地流转中的政策风险

政策风险是指在农村承包地流转中国家政策变化而引起损失的可能性。受社会经济环境的影响，国家的土地政策、地区政策、行业政策、货币政策和财政政策也会随着变化。对于农村承包地流转中双方来讲，主要是国家的农村承包地年限政策、农村承包地流转政策、农业政策与财政金融政策带来的不稳定性较多。

农村承包地流转中的政策风险是由国家政策的不稳定与不连续所致。我国对农村承包地在不同时期采取过不同的政策。改革开放后，我国对于家庭联产承包责任制在承包年限上就规定承包期为 15 年和 30 年，到 2008 年十七届三中全会时才确定了家庭联产承包长久不变的政策。国家的承包地政策对流转的期限、流转方式、流转年金和流转后的资金投入都产生着重要的影响。如果流转双方在签订协议流转后，国家的政策发生了变化，就会对流转中一方或者双

---

① 张五常. 佃农理论［M］. 北京：商务印书馆，2000：91-96.

方利益造成损失。

3. 农村承包地流转中的合同风险

合同风险是合同运行过程中由于主客观原因，而使债权人可能遭遇，但可以预防的经济损失。这种损失非因市场经济客观规律固有作用所致，而是可由人力、法律和制度作用所减轻，因此与一般交易风险有区别。① 农村承包地流转中的合同风险是指流转中由于合同不规范、合同歧义或者一方有意在合同中采取欺骗手段，而使农村承包地流转的另一方所面临的风险。尽管我国农业部在 2005 年 1 月就颁布了《农村土地承包经营权流转管理办法》，明确规定了流转合同的要件。但在具体操作过程中，承包地流转没有合同、合同不规范和合同易于产生歧义的现象时常发生，这就为承包地流转中的一方利益无法得到保障埋下了伏笔。

这种风险产生的原因，一方面是当前农村承包地流转还处在自发阶段。根据笔者调查，在皖北一些地方受让方主要以本村居民和亲戚为主，契约也是口头协议，很少有规范的合同。另一方面，当前农民的法治意识不强，认为合同可有可无。而且，在农村多数地方，还没有成立对农村承包地流转进行管理的机构，农村承包地流转还处在无序和缺乏管理状态，农民很少会想到流转合同会出现问题。

4. 农村承包地流转中的违约风险

农村承包地流转中的违约风险是指由于转让中的一方违反约定，而使对方在土地上的投资无法收回或者租金无法兑现，使其蒙受损失的可能性。这种违约从受让方来讲，一种是在原合同还没有到期的情况下，承包方要求修改合同，提高土地的转让金；另一种是要求废止合同，收回土地。这两种违约，无论哪一种处理不好都会影响受让方正常的生产经营。从承包方来讲，这种违约是指受让方不按合约来兑现租金，从而使其蒙受损失。

这种风险的产生是由于在土地使用权转让中，土地租金的确定存在着不科学和流转中的一方缺乏诚信。如果转让的年限较长，租期如何确定？租金如何确定？在确定租期上农村承包地转让多久才比较合适？现在还缺乏科学的标准。在租金的确定上由于土地所处的位置不同，也存在着较大的差异。况且现在利率变化较频繁，通货膨胀也很难有规律可循，这就给土地流转年期和年金的确定增加了难度。在土地流转中个别承包户缺乏诚信，或者由于看到受让方获得的利润较高而产生嫉富心理，要求废止合同自己来经营。同样，受让方如

---

① 张近情. 合同风险的原因与对策［J］. 社会科学论坛，2002（6）：66-68.

果经营不善也会发生拖欠或者拒付租金的行为。

6.1.3 农村承包地流转中承包方面临的风险与成因

1. 农村承包地流转中权益受损或者致贫风险

承包方权益受损及致贫风险是指在农村承包地流转中使承包方财产权利、承包权利或者承包地的占有、使用和收益权面临受损从而导致贫困的风险。农民在农村承包地集体所有的前提下拥有土地承包权，然后才拥有使用、收益和流转的权利。如果流转中农民的这些权益无法得到保障，农民就会面临利益受损的可能。

这种风险产生的原因是承包方的利益没有得到切实保障，使其在流转中利益受到损害。在一些地方，基层政府为了产业发展的需要，强制农民进行土地流转，而对农民利益又无充分的保障措施。农村承包地流转的主要目的是实现农村承包地的规模化、集约化和产业化，使土地这种农业最基本的生产要素达到优化配置。但在农村承包地流转中地方政府不顾农村实际强行推进，如有些地方把农村承包地流转的数量作为对地方官员考评的一个指标，更有甚者，规定每个地方每年应该流转多少亩土地。在农村承包地流转中，如果没有明确认识到流转的主体是农民而不是政府，流转的机制是市场而不是计划，就会产生越俎代庖，结果就会违背农民意愿，把好事办坏。

2. 农村承包地流转中的失业风险

农村承包地流转中的失业风险是指农民由于土地完全流转而使自己不能进行农业生产，同时在非农行业也失去工作机会的风险。农民就业一般在农业和非农业之间进行选择，如果在这两种选择中衔接不好，就会使农民面临失业的危险。

这种风险源于农民择业在农业与非农业间的脱钩。农村承包地对于农民，既有生活保障的功能，也有就业的功能。农村承包地流转的一个前提是农民能在二、三产业找到工作。在2008年世界性的经济危机期间，我国广东沿海地区一些外向型的加工企业有的被迫关门停产，就出现了大量民工返乡现象。鉴于农村的隐性失业和半失业状态农民已司空见惯，又加上农村承包地流转还没有形成规模，而且在流转中代耕又占有很大的比例。因此，尽管那时在外务工回乡的农民增多，农民因土地流转而出现的失业问题并没有大规模凸显。随着农村承包地流转的速度加快、规模扩大，农村承包地流转中失业风险也会加大。

3. 农村承包地流转中的委托代理风险

委托代理风险是由代理人目标函数与委托人目标函数不一致，加上存在不确定性和信息不对称，代理人有可能偏离委托人的目标函数，而委托人难以进行观察和监督，从而出现的代理人利益受损现象。[①] 农村承包地流转中委托代理风险是指在农户联合入股建立农业生产合作社，或者把土地存放在土地银行，由于合作社经营管理者不能尽心经营或者土地银行的承租者经营不善引起的股田户或者土地银行利益受损，从而使股田户或者存到土地银行的承包户的本息无法兑现，致使承包方面临损失的风险。

委托代理风险是由双方信息不对称而产生的。在农村承包地流转中，承包方对受让方信息不会完全知道，就是土地银行对受让方的资金实力、经营技术、管理水平和诚信等级也不会完全了解。这样，在农村承包地流转中，一方利用对方信息不对称，来隐瞒、最大化自己的效用，而使对方遭受损失。当前，在个别地区出现了农村承包地流转中出现的流转租金无法兑现，或者受让方对快到流转期限的土地进行掠夺式的使用，当流转终止后，会使土地肥力需要好几茬才能恢复过来。

6.1.4 农村承包地流转中受让方面临的风险与成因

1. 农村承包地流转中的经营风险

农业经营风险，是农业生产经营过程中由于农业内外部环境的不确定性、农业生产经营活动的复杂性和农业企业承受能力的有限性而导致的农业实际收益与预期收益的偏离，甚至导致农业生产经营活动失败的风险。[②] 笔者认为，农村承包地流转中经营风险不完全等同于农业风险。农村承包地流转中经营风险是受让方由于经营决策失误、管理不善而引起盈利水平下降，从而给未来收益带来不确定性。在商品竞争加大的情况下，受让方经营并不是一个常数，而是存在着许多未知方面。一个好的经营管理者会把这种风险降到最低，但由于经营者自身条件的限制，经营风险会时常遇到。

农村承包地流转中的经营风险产生的成因是在农村承包地流转中，受让方其实也是进行一种投资，尽管受让方可能是农户也可能是从事农业经营的公司，但都是想通过租赁的方式获得土地进行生产，从而获得收益。受让方决策者在对农村承包地进行经营时，由于对未来行业发展的趋势把握不准，对投资领域缺乏有效的评估，将会导致决策失误而达不到预期目的。如果再加上受让方经营管理中存在的漏洞，经营就面临成本升高、利润下降甚至亏损的风险；

---

① 石汉祥. 商业银行风险研究［M］. 武汉：华中科技大学出版社，2006：66.

② 曾中文. 防范农业经营风险的机制构建［D］. 长沙：湖南农业大学，2007.

同样，在合作入股的流转模式下，如果参加合作社的农民所选的管理者缺少经营管理经验，最后也会面临损失的可能。

2. 农村承包地流转中的市场风险

市场风险是指由农产品价格、利率或者汇率的变化而导致在农村承包地流转中受让方面临损失的可能性。在市场经济的大环境下，无论是把土地租来进行农业生产，还是合伙进行入股建立农业生产合作社，其目的都是通过农产品的出售来获得利润。因此，这不可避免地使其价格受到市场供求的影响，价格下跌，就会导致利润减少。

农村承包地流转中的市场风险，首先，在于农业生产经营的周期性较长。农产品的生产一般呈现蛛网模型，而这种模型会扩散或者收敛，农作物的种植面积就受上年农产品价格的影响；相应地，该农作物的种植会减少或者增加。于是，市场上农产品的供求就会发生变化，价格就会产生波动。其次，如果从事农业生产的受让方需从金融机构进行融资，那么其对利率变动也将敏感，使其生产面临利率变化而产生不确定性。最后，如果生产的农产品是为了满足国际市场的需要，其利润也会受到汇率的影响，汇率的变化会使这些企业的利润面临许多不确定性。

6.2 农村承包地流转中的风险规避

不同的个人和组织，对于风险有不同的态度，有些是风险爱好者，有些是风险中立者，而有些是风险厌恶者。但对于一个国家和普通老百姓来说，最大化地规避风险，把自己所面临的风险损失降到最低，应是其在农村承包地流转中的理性选择。由此，笔者认为，对农村承包地流转中的风险应加以规避，并从以下几个方面来操作。

6.2.1 加大农业保护 加强对土地流转的管理

如前所述，农村承包地流转中非农化和非粮化的风险成因在于土地使用在农业与非农业上具有不同的效益，土地的种粮和种植经济作物及养殖在利润上也存在巨大差异，以及地方政府对国家政策的执行不力。农业保护既包括农业产业政策，又包括农业价格保护政策。从内容上讲，其既包括农产品保护，又包括农业资源保护。从形式上讲，其既包括价格保护，又包括非价格保护。它是一个综合性概念。① 因此，应从以下几个方面对这几种风险进行规避：

首先，设置耕地保护基金。借鉴、吸收和创新成都城乡统筹改革综合配套实验区中一些地方实行的“耕保金”做法，在摈弃“连坐制”和兑现期限较长等不合理方面的基础上加以完善，并在全国予以推广。由于农村承包地最主要的是耕地，对于在农村承包地使用和流转中种粮性质不变，而且一直进行粮食生产的耕地设置专门性的保护基金，会有利于农村承包地种粮使用性质不变的流转。根据国家统计局公布的数据，2008 年我国耕地面积有 12 172 万公顷，GDP 达到 302 853.4 亿元，财政收入达到 61 316.9 亿元。在这样的大环境下对耕地设置保护基金，以中央政府为主和地方政府适当补助共同负担具有可操作性。

其次，加大对农业的扶持力度，逐步改变土地农业使用与非农用途的利润差异。这就要求国家加大对农业科研和农田水利基础设施的投资。加大对农业科研的投资是为了改良农作物品种、提高农业产值、增加农业利润。在居民消费模式、消费结构和消费等级都在转型的态势下，关键是在农产品产量增加的同时，也使其质量也相应提高，这需要农业科技来攻关。农业基础设施对保障粮食生产、稳定农业具有重要作用。然而随着家庭承包经营责任制的实施，我国农业基础设施呈现滞后的局面。近年来，我国的自然灾害有明显增加的趋势，每年都会发生不同程度的水灾或者旱灾。加大对农田水利基础设施的投资，并修建与其相匹配的工程，既可以增加农业产值，减少农村承包地流转非农化和非粮化的风险，也可以增强农业抵御自然风险的能力。

再次，提高粮食补贴，要把我国现行的粮食直补和农业生产资料综合直补进行整合，整合为粮食综合直补。粮食补贴政策，对提高农民的种粮积极性起到了一定作用。但现行的补贴方式有明显的不足：一是补在地亩上，按土地面积补贴，种一亩地给多少钱，种好种坏一个样；二是补贴的金额较少，一亩地补贴一般多则几十，少则十多元不等；三是补贴粮食的种类有待扩大。因此，今后要把粮食补贴真正用在种粮的土地上，对非粮的种植则不予补贴，并根据国家经济增长的情况，逐步提高对种粮土地的补贴力度，同时扩大“粮食”的范围，对种植油菜、土豆和大豆的也应该予以补贴。而且，在粮食直补方式上，对种粮农民发放补贴资金采取累进补贴的方式，出售的商品粮数量越多，应该得到的补贴款就越多，以此来调动农民种粮的积极性。②

---

① 王国敏. 中国农业风险保障体系建设研究 [M]. 成都：四川大学出版社，1997：83.

② 杨建利. 完善我国粮食直补政策研究 [D]. 成都：西南财经大学，2010：118.

最后，加强对农村承包地流转的管理。当前对农村土地的管理主要以地方土地管理部门为主，而对承包地流转的管理则由农业管理部门来负责。这易于造成多头管理的现象。根据笔者的调查，一些农村地区对宅基地的使用管理相对严些，而对承包地流转的管理相对松些。在皖北和冀南的一些地方，农民普遍反映没有听过当地有对承包地进行管理的组织，而在成渝地区农民听说过本地有此组织。因此，应把基层农业和土地管理部门进行重组，在服务农民的同时，加强对农村承包地流转使用方向的监管，确保承包地流转中的农业使用和种粮用途。

6.2.2 制定和修改相应法律 保持政策的连续性和稳定性

对于政策风险的规避，国家应该保持政策的连续性和稳定性。这些政策涉及国家的土地政策、区域政策、产业政策和财政金融政策等。在土地政策上，要真正实施农村家庭承包经营制度长久不变，并使农民在所有权属于集体的情况下，逐步享有完全的使用权、收益权、转让权和继承权，把权利束完善，对农村行之有效的制度要保持其稳定性，以使农民形成正确的预期；在区域政策上，要在国土空间分异的基础上尽早确定禁止开发区，并永久作为种粮基地，不得作为他用；在产业政策上，应根据国家的经济发展状况，结合 GDP 增长，在递进增大农业补贴的同时，一直把农业作为优先扶持的产业；在财政金融政策上，加大对农业的支持力度，简化涉农信贷的手续。

2008 年召开的党的十七届三中全会，已经把农村土地承包经营权从以前的有限期转变为长久不变。这使农村承包地流转的时间范围更长。这种长久不变的制度还应该在《中华人民共和国宪法》和《土地管理法》中予以体现。应根据我国实际制定“农村土地流转法”，把《农村土地承包法》和《农村土地承包经营权流转管理办法》进行补充和修正，使其更符合当前农村实践。

6.2.3 拓展农业保险覆盖面 扩大保险领域

中国是一个自然灾害频繁的国家，农村大部分地区经济发展水平较低，农民的经济承受能力低并且保险意识淡薄。目前，中国农业保险主要采取商业性保险公司经营的办法，其经营受到商业性保险公司偿付能力和技术力量的制约。又由于保险人与被保险人在农业保险标的信息方面存在着明显的不对称，逆选择或道德风险发生的可能性增加。与此相适应，中国农业保险以保障投保人在受灾后能恢复简单再生产能力为目的，实行低保障、低保额的方法。① 农业对自然环境的依赖较大，为了减小农村土地流转中由于自然风险而对流转双方造成的损失，就有必要完善农业保险制度。农业保险是专为从事种植和养殖业的农业生产者在生产过程中，对遭受的自然灾害所造成的经济损失提供保障的一种保险。农业保险不同于农村保险，但又和农村保险相联系。农业保险的保险标的主要包括农作物栽培、造林、畜禽和水产养殖等。农业保险有利于减少自然灾害损失，有利于农村金融服务体系的有机结合，有利于增强农业抵御自然风险的能力，有利于缓解财政负担，在灾害面前稳定农村社会经济。目前，在我国一些农村开办的保险主要有养殖类的养猪、羊、鸡鸭、牲畜和特种动物保险；种植业类的主要有水稻、小麦、油茶和棉花保险。但是由于农业保险涉及面广，商业性保险公司不太愿意付出大量的人力去开展业务，在大部分农村，农业保险还未展开。因此，现在应实施政府主导的政策性农业保险，由政府给予保费补贴，按商业保险模式来进行运作，重点开展和农业相关的自然灾害、流行性和爆发性的虫害等相关的保险业务，并把保障“三农”权益、促进农村土地流转作为主要目的。

6.2.4 培育现代农业经营管理人才

规避农村承包地流转中的市场风险和经营风险，要培育懂得市场规律、能运用现代经济管理的农业经营人才。现代市场经济对农业经营管理人才也提出了新的挑战，只凭经验不按市场规则进行经营就无法在市场的大潮中生存。要通过制度和机制的创新，使得农业经营管理人才的整体素质明显提高，人才队伍素质结构与农村经济社会发展基本适应；干部人事制度和人才管理体制日趋合理，农业经营管理人才的评价选拔任用机制、培养机制、激励约束机制逐步完善；企业人才市场体系建设有序推进；农业经营管理人才队伍建设的外部环境进一步优化。重点围绕发展具有国际竞争力的大型农业产业化龙头企业，加快培养造就一批职业化、现代化、国际化的优秀农业企业经营管理人才。以创新精神、创业能力和经营管理水平为核心，大力提高农业产业化龙头企业经营管理者的素质，积极创造有利于优秀农业经营管理人才成长的环境。② 这就需要：第一，加大对高等农业经营人才的投入，创新人才培养模式，培养出能够

---

① 李军. 农业风险管理和政府作用——中美农业保险交流与考察［M］. 北京：中国金融出版社，2004：121.

② 吴敬学，彭建良. 农业经营管理人才队伍建设问题研究［OL］.［2017-10-20］. http://www.aweb.com.cn.

适应现代市场经济的农业人才。这种人才应该既懂得农业的生产经营又懂得企业的运作。第二，鼓励大中专毕业生到农村去创业和就业。我国每年毕业的农业经济管理大学生不少，但愿意到农村去选择就业的不多，绝大多数都留在城市工作，并且逐渐脱去了“农”字。应对到农村就业的学生在政策和资金上给予一定的宽优惠，使这些学生能在农村扎下根。第三，这种新型的农业经营管理人才应该懂得农业的生产，把握农产品的方向，能够运用市场经济思维来选择农业产品的改良、开发、生产与营销，从而不断使经营的市场风险降到最低。

7 完善农村承包地流转中相关配套制度

完善的配套制度可以减少承包方的后顾之忧，这是农村承包地流转的必备条件。在农村，只有承包地作为就业和保障的功能逐渐弱化，社会保障覆盖面不断扩大，农民的财产权、生存权和发展权得到了切实保护，并从承包地流转中得到实惠，农民才会愿意将土地进行流转，从而实现流转的主体是农民而不是干部。完善的配套制度可以促进农村承包地流转的市场化。农村承包地流转要能够适应现代市场经济对农业发展提出的新要求，建立具有产业化和规模化的现代农业，在化解我国潜在粮食危机的同时，还能够为其他产业提供原料与释放被束缚在农村承包地上的人力资源。实现这些就要流转的机制是市场而不是计划，才能使流转按照市场规律和价值规律配置资源，达到效益最大化，而这又必然要求与之相适应的配套制度来完成。

7.1 农村承包地流转中的“一体两翼”配套制度内涵

完善的农村承包地流转配套制度可以简括为“一体两翼”，即以农民权益保障制度为主体，以承包地保护和农村承包地流转中介组织制度为两翼。

7.1.1 农村承包地流转配套制度中“一体”的内涵

农村承包地流转配套制度中的“一体”是指农民权益保障制度，这应是配套制度的主体与核心。之所以称核心，因为农村承包地流转目的是促进土地能达到最优配置，从长远来看，主要是通过流转增加农民收入，提高农民生活水平。而这必须给农民提供社会保障制度，使其减少流转承包地的后顾之忧。

我国农村现有的养老保险、医疗保险制度还不够完善。农村中出现的因流转致贫，因流转至生活下降，因流转而引起的财产权、生存权和发展权方面的受损时常发生。

农民权益是农民作为社会主体存在的条件，从某种意义上说，也是人类社会其他主体存在的前提条件。[①] 农民权益保障制度是一个体系，这个体系应根据社会发展不同阶段，把农民生存权和发展权结合起来，并依据城乡统筹的初级、中级和完全实现各阶段农村承包地流转状况的分析和预测，实施不同的社会保障内容。而且，这个体系还应该是动态的。应根据农民需求的层次性、社会保障的递进性，结合农民对城市化、工业化的贡献，农民在今后土地流转中理应享受的社会经济发展的成果，以满足他们对社会保障的系统性、阶段性和递进性需求。

7.1.2 农村承包地流转配套制度中“两翼”的内涵

农村承包地流转中的“两翼”指的是承包地保护和流转中介服务制度。之所以称为“两翼”，是因为这两个方面是农村承包地做到规范、有序和快速流转的必备条件。

农村承包地保护和耕地保护有相同之处但涵盖范围又不尽相同。承包地保护制度不只包括耕地保护，还包括承包经营权保护。耕地保护只属于承包地保护的一部分，耕地保护注重的是承包地的用途上的保护，而承包经营权保护注重的是产权上的保护。在耕地保护上，尽管《中华人民共和国土地法》第四章用一个章的内容来规范耕地保护，这也是许多专家或者学者所说的“我国是世界上实施耕地保护最严厉的国家之一”。但是，耕地保护的真正执行上却往往大打折扣，每年不断扩大的城市规模和不断减少的耕地面积就是例证。而且，“所有者”在需要时会以各种借口收回，这样使农民拥有的承包经营权也不稳定。[②] 特别在城市郊区，承包地随时都有被征用的可能。

流转中介服务制度不只包括前面所论述的建立农村承包地流转交易中心，还包括与流转配套的承包地租价评估、法律咨询、保险制度、户籍管理农村金融服务等。只有这些相关配套制度完善起来，才能使承包地经营使用权顺畅地流转起来。

---

① 李长健. 论农民权益的经济法保护：以利益和利益机制为视角［J］. 中国法学，2005（3）：120-134.

② 石建社. 入世后农业、农村、农民发展探索［M］. 北京：中国财政经济出版社，2002：26.

7.1.3 “一体两翼”配套制度的辩证与统一

农村承包地流转中的“一体”和“两翼”是辩证的。农民权益保障是主体，没有这个，承包地流转中就缺乏主体，这是配套制度中的基本点，处于主体地位；而农村承包地保护及中介服务制度是“两翼”，处于主体的从属地位，没有对承包地流转中农民权益的保障，“两翼”就无从谈起。

农村承包地流转配套制度中的“主体”和“两翼”又是统一的，它们统一于农村承包地流转的实践中。“主体”决定着农村承包地流转中的供给与需求，而“两翼”为“主体”的飞翔提供了必备的条件。没有这种统一，农村承包地就无法保证流转按照国家的要求进行，从而对承包地流转中农民权益的保护也会落于空话。

7.2 农村承包地流转中对农民权益的保障

农民权益是一个权利束，农村承包地流转中要对这个权利束加以保障。在各地正在进行的农村承包地经营使用权流转中，一些地方根据自己的实际在探索适合本地农民的权益保障制度。

7.2.1 各地农村承包地流转中对农民权益保障的探索①

对农村承包地经营权流转中农民权益进行保障，具有代表性的有成都和重庆的探索。

1. 成都市对农村承包地经营权流转中农民权益的探索

首先，对农民进行确权赋能。政府对与农民相关的各种权利进行确认，并对合法的权益颁发证书，然后农民就可以把自己拥有的这些权能进行流转。确权是成都实验区农村承包地流转中作为破解“三农”问题的重要抓手。确权包括对农村集体土地所有权、集体建设用地使用权、土地承包经营权、林权和房屋所有权确权登记。确权为市场机制确立了最基本的明晰产权制度，这是市场机制有效运行的基础。确权主要围绕着产权束中的所有权、使用权和承包经营权，特别是对在农村占主要地位的承包地，体现在强化承包经营权、淡化其

① 本部分内容根据笔者发表在《经济纵横》2010年第6期的《农地流转中对农民权益的保护个案调查》修改而成。

所有权。赋能是让农民真正成为改革的主体和市场的主体，通过改革实现农村产权要素资本化，促进现代农业发展，促进农民增收致富，缩小城乡差距。①

成都市在“5·12”大地震后，在统筹城乡综合改革的土地流转中，为了保护农民的权益，把城乡统筹与灾后重建相结合，把农村承包地流转与乡村规划结合起来。针对灾后重建中的资金短缺问题，有些乡村采取了由以前的散居到现在的集中定居的方式，引进投资管理公司，并把腾出的原有宅基地以集体建设用地形式流转给投资公司。在使农民获得了住房的建设资金的同时，又进行了土地流转。这对农民和投资公司都是双赢的策略。在这个过程中，成都市把尊重农民意愿、保护农民利益放在首位。

其次，设立耕地保护基金。耕地保护基金是由成都市政府设立的，主要补助对象是成都市拥有土地承包经营权并承担耕地保护责任的农户，以及承担未承包到户耕地保护责任的村组集体经济组织。耕地保护基金按照“统一政策，分级筹集”的原则，由市和区（市）县共同筹集。其主要是从土地出让收入中提取，并通过财政转移支付方式，主要用于耕地流转担保、农业保险补贴、承担耕地保护责任的农户养老保险补贴和承担耕地保护责任的集体经济组织现金补贴。补贴标准因地而异，基本农田按每亩地每年补贴 400 元；一般耕地则是 300 元。

耕保基金是以保护耕地为主要目的的。在实施耕保金过程中，这种制度一定程度地缓解了种粮收益低、农村承包地流转无担保等问题，有助于在农村承包地流转中使农民在愿意种粮的情况下，其收益不致减少过多，一定程度地缓解了等量投入在农业与非农之间利润差距问题。

最后，成都市也在农村承包地流转中成立了农村产权流转担保股份有限公司和现代农业发展投资有限公司等。其中，农村产权流转担保股份有限公司主要对市域范围内采取租赁、入股、转让等方式进行的土地承包经营权、林权、农村各类权属证明抵押融资和对利用宅基地、农村房屋、新居工程等抵押融资、农村土地整理项目、农村新型社区建设项目、农村集体建设用地上的其他建设项目，对乡镇企业等贷款、农村劳动者进城自主创业小额贷款等进行担保，使农民能够盘活自己所拥有的资产，为产权流转提供便利。②

2. 重庆市对农村承包地经营权流转中农民权益的探索

为与农村承包地流转相配套，保护农民权益，重庆实验区在户籍制度、农

---

① 评论员．“三个集中”关键在抓产业发展［N］．成都日报，2006-05-20（A01）．

② 陈映．成渝统筹城乡发展实验区比较研究［C］//贾松青，侯水平．2008 年四川经济形势分析与预测．北京：社会科学文献出版，2008：201．

民工进城务工住房制度、养老保险制度和医疗保险制度上都进行了一些改革，并采取三大措施大力实施“百万农村劳动力转移就业工程”。① 一是探索农村劳动力就业的有效措施。二是强化服务管理，营造农村劳动力稳定就业的良好环境。三是实行城乡户口一体化管理，取消农业户口和非农业户口，统称为“重庆市居民户口”。调整和放宽了“三投靠”的户口迁移政策，把维护流转中的农民工权益作为一个重点来抓，使农民在城市务工能够逐渐地融入城市生活，也为流转农民进一步发展提供可支撑的社会保障平台。

重庆实验区也充分结合自己大城市、大农村和大库区的特点，在实验中把尊重农民意愿、维护农民的利益放在至关重要的地位，无论是在政策的制定，还是在农村承包地流转中都尽量使农民利益得到有效的保护。

但是，重庆和成都在农村承包地经营权流转中对农民权益保护也存在一些不足之处，主要表现在以下几个方面：

第一，权益交换不对等。

在农村承包地流转“两放弃三保障”模式中，农民放弃宅基地使用权、房屋所有权、土地承包经营权以及划清和集体之间债权和债务关系为前提，才能得到“三保障”。这种农村承包地流转模式使农民身份发生了转变，并且还可能使农村承包地使用性质和农村承包地集体所有权性质发生转变，而农村承包地使用性质和农村承包地集体所有性质转变是明显违背国家对农村承包地流转提出的“三个不得”（即不得改变土地集体所有性质、不得改变土地用途、不得损害农民土地承包权益）的。况且，在当前农村承包地使用权长久不变的情况下，用放弃承包经营权来换取当代人的社保，从长期来看，显然有损流转农民的长远利益。

第二，制度设计不尽完善。

首先，耕保金制度是建立在市县（区）两级财政负担上的，对公共财政的依赖较重，对社会资本的利用不足，改革成本大，市场化较弱，无法构建对农民利益保护的长效机制。其次，耕保卡上的资金弹性不足，时限太长，没有赋予其必要的融资和担保功能，解决不了农村发展的资金需求。农民可查询“耕保卡”上的金额，但不能领取。成都市规定农民男到 60 岁、女到 55 岁，经耕地保护协会确认自己承包地没有遭受破坏，方可一次性领取耕保补贴，否则将予以扣除。最后，由于耕保金制度重在耕地的保护，一些地方政府，在耕保金发放的操作上采取村民小组连坐制度，村里如果有一户村民的耕地没有保

① 刘松杨．重庆摸索新特区改革路径［N］．潇湘晨报，2007-07-03（A02）．

护好，其他村民的耕保金都将被扣。[①] 这种做法尽管可以使村民之间相互监督，但明显有悖于市场主体的自主决策理念，也有损于耕地保护做好的农民利益。

第三，流转的风险较大。

在农民合作经营和土地承包经营权入股设立企业的模式中，由于合作经营资金与管理上的原因，合作经营农户或者入股设立的企业利益并无法得到充分保障。我国《土地管理法》明确规定农村承包地不能抵押，这样农民入股建立的公司很难通过抵押的方式来贷到款。并且，任何公司都面临经营和市场的风险，如果农民入股组建的公司因经营不善，被迫破产，农民的承包地将如何处置？在这种情况下，农民的权益就很难得到保障。通过行政手段强行进行干预来保护农民土地承包经营权，又违背市场经济平等、自由的契约精神。

第四，农民权益保护体系不完整。

农民的权利是由生产权、财产权和发展权等构成的一系列的权利束。农村承包地流转中，农民的财产权保护主要涉及的是房屋所有权、林权和其他财物；生存权保障制度包括流转农民的最低生活、失业保险、医疗保险、住房保障和养老保险制度等，其中，当前已实施和正在试点的主要是最低生活保障、医疗保险和养老保险制度，而其他保障还基本处于空缺阶段；发展权保障应包括流转农民就业保障和教育保障制度。在成渝实验区对农民权益的保护主要在生存权和财产权上，涉及发展权方面的还不多，对土地完全流转的农民来讲，显然其权益保护是不完整的。

7.2.2 部分流转与完全退出流转所涉及权益的差异

部分流转和完全退出流转所涉及农民权益不完全相等。在此，笔者把部分流转定义为农民只将承包经营权流转，无论是自己承包地只流转一部分还是全部流转，只要流转后农民还生活在农村，其农民身份没有改变，这就是部分流转；而完全流转是农民不只将自己的承包经营权完全流转出去，在非农行业已有稳定的工作，还准备有身份上的转变，有把身份改变为城市户口的愿望。

因此，对于部分流转和完全流转的农民，其权益应该不相等。对于部分流转的农民，主要是在不改变其身份的情况下，如何从“三农”的角度来完善其保障制度；而对于完全流转的农民，应该使其自动放弃承包地经营使用权，而给予其市民待遇，并对承包地经营权采取相等权利置换的方式，使其逐渐转

① 根据笔者对成都周边农民的调查所得。

化为市民，具有城市居民所具有的各种权益。

7.2.3 对农村承包地流转中“承包地换社保”模式的评析

在农村承包地经营使用权流转中，特别是在城市郊区出现了“承包地换社保”的流转模式。如成都市的“两放弃三保障”模式。“两放弃”，指农民自愿放弃土地承包经营权和宅基地使用权，以及划清与原集体经济组织之间的债权债务关系；“三保障”，是指对“两放弃”的农民提供就业、住房、社保，即提供满足农民转变为市民的三个保障条件，一是使农民能够在城市二、三产业就业，二是让农民在城市拥有自己的住房，三是使居住在城市的农民能够享受同城市居民一样的公共服务。尽量使农民在放弃和“农”相关权利的同时，保障其能在“城”中生活，并增加财产性收入。这种模式的关键是农民用自己的宅基地使用权和住房所有权换取在城镇相应的住房，用承包地经营使用权换取养老保险。2009 年 6 月，无锡市惠山区全面实施以宅基地使用权置换城镇住房及以土地承包经营权置换城市社会保障的“双置换”工作。① 另外，其他省市如天津、重庆、陕西的一些市也都开展了类似的工作。

“承包地换社保”这种流转模式值不值得推广？有没有可借鉴性？对此，笔者并不看好。

首先，实施这种模式的目的，主要是解决城市用地紧张问题。有些地方在实施这种模式时，会提出各种口号，如为了统筹城乡发展，为了城乡一体化，或为了新农村发展等，但多数是为给城市发展找土地，找空间，并和城市发展的用地进行挂钩。尽管不乏一些地方准备搞优质稻麦示范园区、特色果品基地、精细蔬菜示范园以及都市观光农业等，但无论是搞特色果品基地，还是农业生态观光旅游，有些就背离了农村承包地经营权流转“非粮化”的要求。

其次，其模式不具有可复制性。这种模式主要是在城市周边地区实行的农村承包地经营权流转模式，对于广大远离城市的农村来说没有可复制性。相对来说，在城市市郊这些土地更有升值的空间。用来置换所用的楼房都需由政府使用财政资金来投资。如果一个地方财政已经捉襟见肘，再去学习这种流转模式是不可思议的。况且，这种模式其实是政府完全“包”下来的流转，不是农村承包地经营权流转发展到一定阶段的产物，纯粹是一种政府行为。在市场经济的大环境下，市场机制并没有发挥作用。这违背了国家提出的“流转的

---

① 邹建丰. 承包地换社保宅基地换住房 惠山农民变市民 [N]. 新华日报，2010-03-25(A02).

主体是农民而不是政府”的精神。

最后，从农民权益保障上看，其不符合公共品的提供模式。农民的住宅是其合法的私有财产，承包地经营使用权是其应有的权益，而社会保障属于公共品的范畴，应由政府提供。这种使农民用自己的私有财产或权益来换取社会保障的做法，显然是不公正的，有悖于公共产品的提供原则。

7.2.4 农村承包地流转中保护农民权益的政策建议[①]

农村承包地流转中，应站在流转主体的立场，完善农村承包地流转中的农民权益保障制度。

针对农村社会保障制度政府有效供给不足的态势，应依据经济与社会发展的不同阶段，结合社会保障应具有的系统性、层次性和递进性，在吸取各地农村承包地流转中保护农民权益有益的尝试和探索的基础上，创新地构架农民权益保障的制度体系。

1. 架构完善的农民权益保护体系

应根据社会保障内容的系统性、层次性和递进性特征，把流转中农民的生存权和发展权结合起来。生存权是农民最基本的权利，而发展权则是农民为实现生命的意义而享有的自由发展、自我实现的权利，这种权利表现为经济、政治、社会和文化权利的综合。[②] 而且，应依据城乡统筹的初始阶段、发展阶段和完善阶段中农村承包地流转状况，对不同阶段农民权益保障有所侧重。根据不同阶段的特点，结合国家和地方的财政能力，在每个阶段实施不同内容的社会保障，建立最低生活保障、社会优抚、灾害救济、医疗保险、养老保险和社会福利多层次、一体化的社会保障体系，从而使农民充分享有工业化和城镇化的成果。

首先，应全面实施养老保险和农民工失业保险，完善对农民生存权的社会保障。应不断总结农村养老保险制度的试点，尽早在所有农村全面铺开，让农民能够不为年老生活而担忧；统筹进城务工农民与城镇职工的保险，建立农民工失业保险制度，让农民即使处于无业状态时也能够渡过困境，保证生活所需。

其次，在城市住房、教育制度上有所突破、有所创新，完善对农民发展权的保护。改善农村务工人员在城市的居住条件，为进城务工人员提供各种形式

---

① 本部分内容根据笔者发表在《甘肃日报》理论版 2010 年 4 月 28 日的《完善农地流转中的相关配套制度》修改而成。

② 吴志攀. 经济法学家［M］. 北京：北京大学出版社，2009：229-230.

的公寓、廉租房，让农民在为城市的发展做出贡献的同时，也能“劳有所居”，享受舒适的生活。其子女选择在城市就读的，应使他们接受同本地孩子一样的教育，逐渐消除教育中的歧视、偏见和不平等待遇，还进城务工人员子女一个起点公平。同时，对进城务工人员也应定期进行技术培训，使其具有提高业务素质的机会，增强其谋生能力，为其进一步发展提供阶梯。

最后，改革城乡分离的户籍制度，建立城乡一体化的户口管理制度。消除对进城务工人员和城市居民由于户口不同而引起的福利待遇不公，让农民工在为城市繁荣做出贡献的同时，也有权享受工业化、城镇化带来的好处，使其能够在城市具有文化认同感、身心归属感，不再游走于城市和社会的边缘，体面地生活。

2. 将农民权益的保护向纵深延伸

当前，社会保障在农村户口和城市户口之间仍有区别。在城市务工的农民由于是农村户口，其工作单位一般只给办理综合保险，而城市户口的职工则会享有医疗保险、养老保险等。虽然今年成都市农民工综合保险将与城镇职工社保挂钩，① 但在许多地方，这种差别依然存在。今后，应探索建立城乡一体的社会保障制度，对农村进城务工人员与城市工人一视同仁，实现城乡居民社会地位平等和公共服务共享。同时，进一步推进社会保障在城乡之间、区域之间的转换，逐渐建立全国统一的社会保障账户，使农民在选择务工地区时不再担心社会保障能否转移的问题。

3. 构建明晰的土地产权制度

农村土地产权不明晰是造成农村土地纠纷的重要原因。土地纠纷问题大多发生在城郊或经济较发达地区。这是因为土地的级差收益巨大，从农民手中征用一亩土地，就会有几万、十万甚至几十万的价格级差。同时，现行土地制度给国民经济总量平衡的调节带来了困难并增加了土地腐败。因此，在农村承包地流转大面积铺开的过程中，要把土地的所有权、承包权和经营权（使用权）“三权分离”，并明晰产权的主体与客体。只有产权明晰了，才有市场交易的客体，市场主体才能对自己所属的产权进行交易。在农村承包地流转中，只有给农民确切的权利，才能使农民放心对自己所属的产权进行转移，其权利才能得到有效的保护。

---

① 许茹，李松. 成都农民工综合保险 4 月将与城镇职工社保并轨 [OL]. [2017-10-20]. http://www.newssc.org/.

7.3 完善"承包地保护"政策

7.3.1 承包地保护——承包经营权与耕地保护的复合体

如前所述，承包地保护不同于耕地保护，耕地保护只是承包地保护的一部分，是属于土地用途上的保护，而承包经营权保护是属于法权上的保护。承包地保护是这两个方面相结合的复合体。其主要思想是在农民承包经营权不断被侵蚀的状态下，通过制定严格的法律，并认真执行，使农民的承包经营权有被剥夺上的免疫，并且使农村承包地种粮的用途不被改变。因此，从这两个方面看，承包地保护更具有深层次的内涵，是简单的耕地保护及承包经营权保护所不具有的。

7.3.2 "严格的耕地保护制度"实施中的异化

我国号称实施了最严格的耕地保护制度。在《中华人民共和国土地法》第四章的第三十一条到第四十二条都是用来规范耕地保护的。这些条款提出了严格控制耕地转为非耕地；实行占用耕地补偿制度，按照占多少，垦多少的原则进行开垦；严格执行土地利用总体规划和土地利用年度计划；采取措施，确保本行政区域内耕地总量不减少；设置基本农田保护区；非农业建设必须节约使用土地，可以利用荒地的，不得占用耕地；可以利用劣地的，不得占用好地。禁止占用耕地建窑、建坟或者擅自在耕地上建房、挖沙、采石、采矿、取土等，禁止占用基本农田发展林果业和挖塘养鱼。禁止任何单位和个人闲置、荒芜耕地；鼓励开垦未利用土地和进行土地整理；对造成的土地破坏应该进行复垦。

这些对耕地保护的规定，在实践中有些被异化，执行得并不尽如人意。在城镇发展中，占优补次，占了不补，土地利用总体规划往往随意变动，基本农田保护区形同虚设，在承包地里建房建厂，以及土地撂荒和把种粮的田地用来发展果树种植以及水产养殖等屡见不鲜。

耕地保护制度执行中被异化除了种粮和非粮种植之间存在很大的利润差别，还有以下几个方面的原因。[①]

① 本部分内容根据笔者发表在《特区经济》2009年第12期的《农地保护中应厘清的几对关系》修改而成。

首先，中央和地方政府之间在耕地保护上存在着博弈。中央与地方政府在农村承包地保护上由于所处的立场、角度不同，对保护农村承包地的态度也会不尽相同。在农村承包地使用和流转过程中，由于地方和中央存在着信息不对称，中央不可能对各个地方的用地情况都了如指掌，于是这就给地方政府违规用地以可乘之机。一些地方政府为了发展本地经济，依然“以地招商”和“以地生财”，于是采取瞒报、漏报的方式来欺骗中央，致使农村承包地流失的漏洞依然存在。如江苏的“铁本事件”，按国务院专项检查组核实查处，江苏铁本钢铁有限公司违反法律，未取得合法征地批准文件即动工建设，违法占用土地 6 541 亩，其中耕地 4 585 亩（含基本农田 1 200 亩）。① 在江苏铁本违规用地中，地方政府的出发点应该是发展本地经济或者是一些领导的功利所在，但这样做的结果却破坏了国家农村承包地保护的整体规划，无法保障耕地红线的目标，进而会影响国家今后的整体发展。同时，在农村承包地的质量保护上，也有一些地方政府采取“占优补次”的做法，并且和中央玩猫捉老鼠的游戏。这既损害了中央政府的权威性，也破坏了我国对土地利用和保护的总体规划。

其次，地方政府职能定位偏差。地方政府应为群众办事，其直接与群众打交道，是中央与群众相联系的桥梁。在农村，地方政府应维护农民的利益，带领农民发家致富。同时，地方政府也是国家政策的实践者，代表着政府形象，关系着国计民生。但现在个别地方政府领导为了追求地方利益或者个人利益最大化，完全不顾国家政策和农民利益。从新闻媒体不断曝光的事件可以看出，在承包地非农化过程中，如果地方政府认识到位，执行得力，农民是很难把土地改为非农用地的。再者，愿意把农村承包地用途进行改变的农民也是少数；恰恰相反，在曾经出现的有关农村承包地纠纷事件中，大多数是地方政府试图改变土地使用用途，又没有按照规定，给农民的补偿过低，引起民怨。一些地方政府为了发展工业，不顾国家政策，违规征用农民土地。② 尽管我国每年处理的地方干部中，有许多都是与土地有关的，但还是有一些人铤而走险。据有关统计，在近几年我国出现的农民群体上访事件中，超过一半和农村承包地有关。

最后，城市发展模式选择不当。城市发展从某种意义上可以划分为外延式

① 李刚. 铁本戴国芳案仍在审理 荒芜的土地急待最新决策 [N]. 中华工商时报，2005-05-20 (006).

② 郭栓敏，史晨生. 河南灵宝五帝工业园以租代征侵占标准样地 [OL]. [2017-10-20]. http://www.sina.com.cn.

和内涵式两种发展模式。外延式主要依靠城市面积的扩大来使城市增长，而内涵式主要采取集约经营城市的方式。这两种模式的主要区别是在经营城市的理念上不同，但无论是外延式还是内涵式的发展都离不开土地。随着城市规模的扩大、人口增加和公共设施的增多，不可避免地要占用一定的土地，离开土地去发展城市是不可能的。中国的耕地数量与城镇化发展呈负相关关系，即随着城镇化水平的不断提高，耕地总量将不断减少。到2020年，中国的城镇化水平将达到58%，若保持当前中国城镇化水平与耕地总量之间关系的发展态势，18亿亩的耕地红线将无法保障。① 改革开放以来，我国各类城市增长都非常迅速。根据中广网的数据，到2007年年末，我国的城市数量达655个，比1978年增加462个，其中地级及以上城市由1978年的111个增加到287个；在城市的面积上，有的扩大几倍，甚至十几倍。过快的城市增长，占用了城市周边的大量土地。城市化与工业化需要更多的建设用地，而现阶段建设用地的主要来源就是农地资源的非农化。② 尽管我国中央政府提出了“占补平衡”“先补后占”的政策，但“边占边补”的现象依然存在。城市在现代社会中起到社会心脏的作用，如果只是为了保护农村承包地，去完全限制城市发展，就会阻碍社会进步，这样的耕地保护也就失去了意义。因此，这就要在城市发展和农村承包地保护中找到一个既能有利于城市发展又能促进农村承包地保护的两全之策，在进行耕地保护的同时，使城市也得到发展。但是，我国目前城镇化进程过度依赖外延式发展，而忽略城市的内涵式发展。

7.3.3 农村承包地保护的路径选择③

农村承包地保护应围绕着在权属上对承包经营权进行保护，在使用上对其农业用途进行保护。

农民承包地权属的保护上，我国中央政府已经提出了农民承包经营权长久不变，这相当于给了农民永佃权。但是，这不等于农民就此有了承包经营权的护身符。由于地方政府总会以各种借口来搞“土地财政”，农民的承包地随时都有被征用的可能。要采取措施使城市发展走内涵发展的道路。而且，要求地

① 李效顺，曲福田，谭荣，等. 中国耕地资源变化与保护研究——基于土地督察视角的考察［J］. 自然资源学报，2009（3）：387-401.

② 谭荣，曲福田. 中国农地非农化与农地资源保护：从两难到双赢［J］. 管理世界，2006（12）：50-60.

③ 本部分内容根据笔者发表在《兰州学刊》的《统筹城乡发展背景下的我国农地保护机制的完善思路》并借鉴杨建利、岳正华成果而得到。

方政府在征地的过程中，广泛征求被征农民的意见，把大多数农民同意不同意征地作为实施的一个最基本要求，以此作为杜绝地方政府因“土地财政”而扩大征用承包地的冲动。

在承包地使用性质保护中，出现“非粮化”的一个主要因素，就是农民收益低，种粮利润空间较小。因此，要保护承包地的使用性质，可以逐步推行“耕保金”的模式，也可以提高粮食直补标准。提高粮食直补标准，给予农民实实在在的好处，补偿其因种粮而丧失的收益，可以成为减少承包地使用性质的一个有效途径。粮食直补标准如何确定，在此笔者借鉴杨建利、岳正华的理论模型。

该模型假设农民可以选择种植粮食或其他 n 种经济作物，种植粮食及各经济作物的每亩利润（包括人工成本）分别为 R，R_1，R_2，…，R_n，粮食及各种作物的每亩用工日别为 D，D_1，D_2，…，D_n，且 $\frac{R_1}{D_1} > \frac{R}{D}$，$\frac{R_2}{D_2} > \frac{R}{D}$，…，$\frac{R_n}{D_n} > \frac{R}{D}$。因为其他作物需要的劳动技术含量更高些，考虑到有些农民无法从事较复杂劳动，因此补贴标准要乘以一个折合系数 α，根据各地情况不同，α 取值也不一样，但应小于或等于 1。因为种植玉米或小麦等粮食作物的技术要求低，易操作，劳动强度小，因此 α 取值应小于或等于 1；而种植水稻从播种到收获劳动过程比较复杂，劳动强度较大，因此 α 取值应大于 1。各种作物在整个农业生产中所占比重用其收益在总收益中所占比重来表示。则粮食直补每亩标准 I 应为：

$$I = [(\frac{R_1}{D_1} - \frac{R}{D}) \times D \times \frac{R_1}{R_1 + R_2 + \cdots R_n} + (\frac{R_2}{D_2} - \frac{R}{D}) \times D \times \frac{R_2}{R_1 + R_2 + \cdots R_n} + \cdots + (\frac{R_n}{D_n} - \frac{R}{D}) \times D \times \frac{R_n}{R_1 + R_2 + \cdots R_n}] \times \alpha$$

$$= \frac{D \times \alpha}{\sum_{i=1}^{n} R_i} [\sum_{i=1}^{n} (\frac{R_i^{\ 2}}{D_i} - \frac{RR_i}{D})]$$

其中：R，R_1，R_2，…，R_n 分别为前 3 年粮食作物和经济作物每亩收益的平均值，D，D_1，D_2，…，D_n 分别为前 3 年粮食作物和经济作物每亩用工日的平均值。在此模型中 α 的具体取值应根据各省实际情况，综合考虑粮食作物和经济作物的生产条件、技术水平和价格因素自行确定。

该模型在知道各地的每亩收益和用工天数时，把数据代入就可以估算各省应该给予农民每亩补助的最低标准。例如，根据国家发展和改革委员会价格司编的《全国农产品成本收益资料汇编》(2007—2009),可以得到2008年安徽省的稻谷及花生、露地西红柿、露地黄瓜等经济作物的每亩利润(包括人工成本,单位为元)分别为 R(354.18)、R_1(577.38)、R_2(3 683.09)、R_3(3 740.91),稻谷及花生、露地西红柿、露地黄瓜的每亩用工日(单位为天)分别为 D(8.46)、D_1(13.38)、D_2(66.00)、D_3(67.80),分别带入模型。如果安徽省综合考虑各因素,α 取值为2.5,得安徽省粮食补贴每亩标准 I 应为:

$$
\begin{aligned}
I = [& (\frac{577.38}{13.38} - \frac{354.18}{8.46}) \times 8.46 \times \frac{577.38}{577.38 + 3\,683.09 + 3\,740.91} + \\
& (\frac{3\,683.09}{66.00} - \frac{354.18}{8.46}) \times 8.46 \times \frac{3\,683.09}{577.38 + 3\,683.09 + 3\,740.91} + \\
& (\frac{3\,740.91}{67.80} - \frac{354.18}{8.46}) \times 8.46 \times \frac{3\,740.91}{577.38 + 3\,683.09 + 3\,740.91} +] \times 2.5 \\
= & \ 269.18(\text{元})
\end{aligned}
$$

在实际计算时,模型所取的经济作物越多,则粮食直补每亩标准的确定相对越准确,更易接近于现实,但计算较复杂些。①

此外,在承包地使用性质保护上,还应重视以下几个方面:

第一,发挥农民保护承包地的主体作用。尽管我国土地法规定农民有保护土地的义务,但根据笔者对皖北农民的调查,农民的承包地保护意愿不一。有些农户愿意对自己耕地进行保护。有些农户前几年把自己的耕地租给别人种菜,当时租赁价格一般为每亩几百元,尽管给的价格不低,但后来就很少有农民愿意再出租了,原因是租地的菜农使用塑料薄膜进行栽培时,留下了大量白色污染,并且由于是租地,承租人对所租土地又采取掠夺式的经营,严重损坏了地力。而有些农户只要给合适价格就愿意把土地出让出去,出让了以后,承租人是从事农业生产还是非农生产他们就不太关注。因此,应加大对私自改变承包地用途,不经批准私自利用自己承包地进行非农生产的打击力度。并对不改变承包地使用用途,善于进行经营耕地的农民进行奖励。同时,在农村应加大承包地保护的宣传力度,利用好新闻媒体,使农民认识到承包地保护的重要性,也认识到自己就是保护承包地不可缺少的一部分,把承包地保护观念灌输到农民的意识中。

第二,强化地方政府及土地管理部门在承包地保护中的主导作用。为了使各级政府树立承包地保护主体意识,对各级政府部门,应明确各级官员在承包

---

① 杨建利,岳正华. 美、欧、加粮食补贴标准、确定机理对我国粮食直补的启示[J]. 经济体制改革,2011(3):154-159.

地保护中的责任，改变地方官员用土地来换取政绩增长的意识，把承包地保护作为考评官员的一项重要内容。另外，不仅农民对我国承包地保护的重要性缺乏必要的认识，一些官员和学者也对承包地保护认识不到位。因此，还要加大宣传力度，把承包地保护由外部输入的强加观念变为官员在发展经济、促进社会和谐的一种自觉意识；加强对官员在土地案件上违法违规的打击力度，用法律手段严惩承包地保护上的违法行为，震慑在破坏承包地保护上存在的侥幸心理，使违法违规者没有可乘之机，最终使各级政府把承包地保护作为自己分内之事，并在实际工作中一以贯之。

第三，鼓励组建各种形式的承包地保护组织，并把这些组织也作为承包地保护主体的重要补充。从国外发达国家和地区的经验可以看出，承包地保护组织发挥着政府部门所不具有的作用。如美国非营利性农地信托在防止农地流失、提高农业耕作技术需要的良好农业生产环境上发挥着重要作用；在以色列也有由各种专家、学者和城市中产阶级和地方机构组成的不受政治影响的农用地保护联合体，这些联合体已成为农用地保护的一支重要力量。由于这些农地保护组织主要是由一些有责任心的农地保护爱好者组成，一般又都属于公益性的、非营利的、非正式的团体，它们不受利益集团的控制，在农地保护中能够做到有效运行。在政府和农民之间，还应该有一个非营利的第三方农地保护组织，在政府执行体系之外，专事农地保护职责，帮助农民增收，使农民自觉自愿地参与农地保护。[①] 在我国，这种非营利性农用地保护组织还很少见，因此应鼓励组建这样的机构。特别是我国逐渐步入老龄社会，有一些从工作岗位退下来，但仍有较强的工作能力，又具有责任心的承包地保护爱好者，可以引导他们形成组织，使其在承包地保护中发挥有益的作用。

第四，严格界定承包地保护的客体。承包地保护的客体也就是承包地保护的对象。承包地保护，首先是数量上的保护。一定数量的承包地是保证能够满足我国不断增长的人口所需粮食的必备要求。这就要求在流转中承包地使用性质不能改变。在统筹城乡发展过程中应严格区分农业用地和建设用地，坚决杜绝借统筹城乡发展的名义把承包地转为建设用地的行为。其次是质量上的保护。在统筹城乡发展过程中，承包地流转速度会加快。如果在流转中要使承包地的质量不下降，对承包地进行保护必不可少。特别是在“补占平衡”的情形下，要严格查处“占优补次”的情形。最后是承包地潜在开发能力保护。在农村中有许多“四荒地”，尽管其现在还不是农田，但在一些地方这些沟、

① 贺晓英. 城市扩张中的农地保护机制研究［D］. 咸阳：西北农林科技大学，2009：97.

渠、道、坎通常采取靠近田地的归属就近原则，田地属于哪户，附近的沟、渠、道、坎就属于哪户。这些沟、渠、道、坎，如果进行土地整理开发就可以变为良田，这就要对这些具有潜在开发能力的土地进行保护。

第五，改变土地管理制度设计，加大监督与惩罚机制。对土地管理部门应采取垂直管理的方式，并逐渐采取异地任职的“回避制度”。改变现在地方土地管理部门是地方从属机构的状态。垂直管理后，由于人事任免权、财权全部归上级土管部门所有，就可以改变地方土管部门对土地管理不力的情形。改变后地方土管部门只对上级土管机构负责，这就可以避免地方政府进行违规违法用地时，地方土管部门睁一只眼、闭一只眼的状态。对土地管理人员，应采取回避制度，采取异地任职，定期进行工作地点轮换，克服管理中的裙带关系。

监督是承包地保护机制有效运行不可缺少的部分。同其他用途相比，农民的农地经营收益微薄，如果计算劳动力投入的话，大部分农地处于亏损状态。因此，和继续经营农地相比，农地被征用对农民来说更为有利，因此他们没有动力保护农用地。[①] 因此，在承包地保护监督中，应把主管部门的监督和民间的监督有机地结合起来。土地管理部门应该切实履行自己的职责，加大土地监督的力度，应该有步骤地对某一地区的承包地保护进行全面的调查，查看是否有虚报和瞒报的现象，查出一个处理一个，起到警示的作用；在农村鼓励农民对本地的土地违法进行越级检举，情况属实的给予重赏，并在农村中加大承包地保护的宣传，对农村中擅自改变承包地使用用途的进行严厉的制裁，特别严重的可以上升到法律的程序；督促各地成立各种形式的承包地保护组织，发挥其了解农村的优势；提倡一些愿意为承包地保护出力的组织建立承包地保护基金，并把这些基金与承包地保护的实效挂钩，真正发挥基金的作用，使承包地保护目标能够最终实现。

加大土地督察的力度。应把正在实施的土地督察制度进行推广。在垂直管理的基础上，在地级市也派驻土地督察，并赋予土地督察较大的权利，使土地督察能够对地方的土地利用进行全面的监督。

7.4 培育农村承包地流转中的服务中介组织

随着农村经济的发展，人们对承包地流转的供给和需求增加，从而为农村

---

① 张宏斌，贾生华. 土地非农化调控机制分析［J］. 经济研究，2001（12）：50-54.

土地转让市场的形成和发展提供了空间。同时，我国现有的以稳定农户土地承包经营权为主导、极力鼓励土地流转的土地政策则为土地转让市场的形成提供了制度环境。① 当前，我国各地在城市设立的土地交易中心较多，主要是围绕城市国有土地的开发和使用权出让等工作，而农村承包地交易机构则很少。市场机制健康运行的一个条件是商品交易必须有交易的场所，这种场所可以是有形场所，也可以是无形场所。只有这种场所才能尽量减少供求双方在信息上的不对称，为商品能够顺利交易提供一个良好的平台。因此，各地应该组建农村承包地使用权交易机构。这种机构可以是农村土地交易中心的一个部门，也可以是单独组建的农村承包地使用权交易中心。

7.4.1 农村承包地使用权交易中心的性质

农村承包地的特殊性决定了其使用权交易中心应具有农村公共产品的属性。

首先，公益性。农村承包地使用权交易中心应由各乡镇政府组建，属于基层政府服务农村的一个机构，其工作应是为本辖区内所有的承包经营权流转进行牵线搭桥。同时，农业部应建立农村承包地流转信息网站，收集各地信息，为各地乡镇交易中心提供指导和技术支持，从而使其在推动农村承包地使用权流转，加快农村土地使用权合理配置上，具有公益性。

其次，非营利性。承包地使用权交易不同于普通的商品交易。农村承包地使用权交易中心运行的目的不是使自己的利润最大化，而是方便农村承包地流转，减少双方信息不对称，并提供必要的服务，并且这些服务都应该是免费的。

最后，多样性。在形式上，农村承包地流转中心的组建应该结合本地的具体情况，名称上无论是农村土地交易所、交易中心还是农村土地银行，只要其职能是为农村承包地流转服务，都应该准许。在服务内容上，各农村承包地流转交易中心应根据自己本地的实情，选定自己的服务范围，无论只是简单地进行登记和信息发布，还是进行估价、提供法律服务等都应该由其自己来选择。

7.4.2 农村承包地使用权交易中心的功能

农村承包地使用权交易中心的功能是由其服务的对象和服务的范围所决定的。因此，农村承包地使用权交易中心的功能应包括：

---

① 张照新. 中国农村土地流转市场发展及其方式［J］. 中国农村经济，2002（2）：19.

一是媒介的功能。交易中心是农村承包地使用权流转的媒介，在此，中心可以实时公布供需信息，并为供需双方进行牵线搭桥。这种媒介可以是有形的承包地交易中心咨询，也可以由无形的数字化信息平台来提供。而且交易中心通过宣传国家关于农村土地政策可以成为农民了解国家政策的窗口。交易中心这种媒介可以实现承包地使用权交易的顺利流转。

二是服务的功能。交易中心应为供需双方提供优质的服务。承包地使用权流转中，不只需要交换信息将供需双方的要求进行匹配，还需要地租询价、法律咨询及流转备案，以及流转双方发生争端时进行调节等方面的服务。如果采取土地银行的运作模式，还要积极地寻找“存贷”户，以及收取和发放“存贷”双方的流转租金等。①

三是监督的功能。农村承包地使用权流转能否按照国家的规定来进行，必须有一定的部门来进行监督。承包地使用权交易中心无论是对前来登记的承包方还是受让方都要进行严格的资格审查，对非农经营公司要求租赁土地的坚决予以制止。同时，也要对已经流转的承包地进行严格监管，杜绝流转中的“非农化”与“非粮化”发生。

7.4.3 农村承包地使用权交易中心的业务

农村承包地交易中心的业务主要围绕着如何促进承包地经营权流转，如何使其规范流转，如何为流转双方提供全方位的服务三个方面。

农村承包地交易中心的性质和功能决定了其业务范围。这些业务应包括承包地经营权流转信息的无偿提供，建立本地流转信息平台，使供需双方能了解需求信息；提供一个流转双方接洽和会谈的场所；为流转双方提供规范的合同样本，指导合同签订，提供本地土地租金参考价格，对流转承包方与受让方资料备案、存档；在流转双方出现分歧或者发生争端时进行调节，并为他们提供土地法律咨询与价格评估；监督承包地流转后的使用，督促具有和国家要求不符的承包地使用进行整改；宣传国家有关鼓励农村承包地经营使用权流转的法律法规，使农民了解国家对待承包地经营权流转的政策；如果属于农村土地银行性质，还需要办理承包方与受让方的承包经营权“存贷”以及“利息”的结付等。

7.4.4 构建农村承包地流转的有形市场与无形市场

农村承包地使用权交易中心的构建，要围绕着构建有形市场和无形信息平

---

① 冯子标，王建功．以土地银行主导农地使用权流转［J］．当代经济研究，2009（11）：23.

台两个方面。创建土地流转有形市场，就要通过设立固定场所，健全流转规则，提供相关服务，形成农村土地承包经营权（使用权）公开、公平、公正交易的市场环境，并以市场方式配置农村土地资源，引导土地流转双方依法交易，建立健全土地流转的信息沟通机制、价格形成机制、规范运作机制、利益增长机制以及纠纷调处机制。[①] 各地应根据自己实情组建土地银行或者农村承包地产权交易中心，以形成农村承包地交易的有形市场。要创建无形市场，建立信息中心，建设承包地流转的信息绿洲，为农村承包地产权转让架设无形的通道，减少因信息不畅而引起的流转成本升高、效率低下的境况。要建立农村承包地流转法律咨询机构和农村承包地评估中心，使流转能按照法律要求运行，并针对不同的流转方式提出可供参考的流转年金和流转年期，使农村承包地流转价格建立在科学依据的基础之上。要建立农村承包地流转风险评估机构和拓宽农业保险领域。对农村承包地流转中的经营风险、市场风险、自然风险等进行评价。各地应建立农地流转有形市场和信息库，完善土地流转合同、登记、备案制度，探索建立市、县、乡三级“农村土地承包流转服务中心”，村集体可以建立“农地流转合作社”。

承包地使用权交易中心的公益性和非营利性决定了其只能是政府的一个部门，由政府组建，并且应该定位在免费服务上，不能是盈营性质的组织，不能有利益组织来插手。应本着“服务农户、推动流转”的宗旨，使承包地经营使用权“规范、有序、快速”地流转。在承包经营权交易中心的形式上，可以有多种，不拘一格，但其宗旨、使命及运行模式应该都是相同的。

对于交易中心无形市场的构建，应该建立国家级或者省级农村承包地流转信息平台。通过这个平台，供需双方可以了解彼此的情况，并从交易成功的案例中了解价格行情，为自己的承包经营权交易提供参考。

当前，我国有些地方承包经营权交易中心已经组建并运行。有些做法值得借鉴推广，而有些还需改进。同样，现在也有一些土地流转网已经建立。但是鉴于地域性及交易的内容主要限于土地使用权买卖的局限，一些信息平台还需要进一步改善。人员应该包括乡镇政府中土地管理、农业经营和懂合同的法律人才。同时，还应把大学生村干部和大学生服务基层计划结合起来，吸收优秀大学生到农村承包地流转中介组织工作。

---

① 周建东，曹荣山. 创建有形市场 促进土地流转 [J]. 江苏农村经济，2009 (12)：48-49.

8 结语

本书从产权、市场、承包地使用弱势和粮食安全的角度来构建我国农村承包地流转中农民选择自主性、运行安全性、农业生产效益性的理论基础与框架。在把我国农村承包地流转现状和存在问题的分析作为研究基点的基础上，运用所建理论从流转动力激活、市场机制健全、风险规避和相关配套制度完善上构筑农村承包地流转机制的创新体系。

1. 研究发现及解决的问题

本书通过研究发现：①农村承包地流转多处在自发阶段和低层次之上，农村基层政府越位和缺位现象并存。基层干部进行积极引导的不多，而且，离“流转主体是农民不是干部，流转机制是市场不是政府”的要求还有一定的距离。②农村承包地流转中动力不足。从效益角度考察，农民收益并没有因流转而大幅提高，因而农民流转意愿不强。③在流转过程中，没有签订合同，或者合同不规范，以及自然灾害、经营不当等致使承包地流转中风险增多。④农村承包地流转中相关配套制度缺失。承包地健康、有序流转的市场、评估和法律等机构尚未完全建立。有些地方流转双方缺乏必要的市场和信息平台，供需双方呈现的信息不对称，开拓承包地流转的信息绿洲在许多地方还没有实现。⑤在承包地流转价格谈判中，存在单元地块联盟的现象。一个单元地块内的所有承包户必须在价格上达成一致，才能使本单元地块成功流转，如果出现个别“钉子户”，则流转会归于失败。

本书解决的问题：①构建了农村承包地流转的“三性”理论，即在农村承包地流转中农民决策自主性是前提，农地使用和承包经营权安全性是必备条件，效益性是提高承包地流转速度的归宿。②从机制创新视角对农村承包地流转中的动力、市场、风险和配套的全部流程进行剖析。并根据各个机制的不同特点，结合农村承包地流转实践，提出了路径创新的对策。③在对各地农村承包地流转租金进行考察的基础上，构建了具有一定可操作性的承包地流转租金修正模型。而且，对农村承包地流转中的风险进行多角度分析，并揭示各风险的成因，有助于对不同性质的风险进行规避。同时，还把承包地流转的配套制度简括为“一体两翼”，既突出了从农民福祉的角度保护农民权益的重要性，又给予“承包地保护”以全新的解释。

2. 研究未触及和有待拓展的领域

研究没有触及的领域：由于效益评价涉及微观和宏观、个体与群体、农户和社会的成本和收益，而这些成本和收益无法量化，因此，没有构建农村承包地流转的效益评价体系、评价模型，更没有论及效益评价体系应选取的指标及各指标权重。故对效益度量主要是在定性层面，没有定量分析。

研究有待拓展的领域：①农村微型市场经济组织是农民利益的代表，在承包地流转中恰恰缺乏这种组织。如果承包地向农业公司流转，单个农民往往缺乏博弈的能力。因此，在农村微型市场经济组织构建上，有待进一步深化研究。②对不同种类的农村承包地流转风险，应采取不同种类具有可操作性的农业保险这一方面的研究有待延伸。③农村医疗保险已全面铺开，但实施中存在各种问题。养老保险还处在试点探索阶段，还没有惠及所有农民。农业保险虽在一些地方实施，但投保对象主要是种植和养殖大户，针对农村承包地流转的社会保险机制设计研究还需进一步展开。

参考文献

[1] ERIC VANTASSEL. Credit Access and Transferable Land Rights [M]. Oxford: Oxford University Press, 2004.

[2] KARL OVE MOENE. Poverty and Landownership [J]. The American Economic Review, 1992 (2): 52-58.

[3] MURPHY, RACHEL. Migration and Inter-household Inequality: Observations from Wanzai County, Jiangxi [J]. China Quarterly, 2000 (12): 965-82.

[4] Organisation for Economic Co-operation and Development. Adjustment in OECD agriculture: Reforming farmland policies [M]. Paris: Author, 1998.

[5] TAGAWA, TOSHIKAZU, ANDERSON, et al. Japan Passes New Tax Law [J]. Bulletin for International Fiscal Documentation, 1991 (10): 489-492.

[6] RAZIN, ERAN. Policies to Control Urban Sprawl: Planning Regulations Changes in the "Rules of the Game"? [J]. Urban Studies, 1998 (2): 321-340.

[7] JOHNSTON, ROBERT J, DUKE, et al. Willingness to Pay for Land Preservation across States and Jurisdictional Scale: Implications for Benefit Transfer [J]. Land Economics, 2009 (5): 217-237.

[8] JOSHUA M DUKE, ELEONÓRA MARIŠOVÁ, ANNA BANDLEROVÁ, et al. Price Repression in the Slovak Agricultural Land Market [J]. Land Use Policy, 2004 (1): 59-69.

[9] GEORGE C S LIN, SAMUEL P S HO. The State, Land System, and Land Development Processes in Contemporary China [J]. Annals of the Association of American Geographers, 2005 (6): 411-436.

[10] GEORGE C S LIN, SAMUEL P S. From Covert to Overt. Everyday Peasant Politics in China and the Implications for Transnational Agrarian Movements [J]. Ho Journal of Agrarian Change, 2008 (4): 462-488.

[11] ZHOU CHEN, WALLACEE HUFFMAN, SCOTT ROZELLE. Inverse Relationship Between Productivity and Farm Size: The Caseof China, Contemporary Economic Policy [OL]. [2017-10-20]. 8 OCT 2010 DOL: 10.1111/j.1465-7287.2010.00236.x.

[12] JIANG XU, ANTHONY YEH, FULONG WU. Land Commodification: New Land Development and Politics in China since the Late 1990 [M]. London: Joint Editors and Blackwell Publishing Ltd, 2009.

[13] 杜受祜，刘世庆. 社会主义市场经济体制的建设 [M]. 成都：四川人民出版社，2001.

[14] 野口悠纪雄. 土地经济学 [M]. 王斌，译. 北京：商务印书馆，1997.

[15] 杨继瑞. 正确处理农村土地流转中的十大关系 [J]. 马克思主义研究，2010 (5)：36-46.

[16] 钟甫宁. 世界粮食危机引发的思考 [J]. 农业经济问题，2009 (4)：4.

[17] 伊利，莫尔豪斯. 土地经济学原理 [M]. 滕维藻，译. 北京：商务印书馆，1982.

[18] 张履鹏. 中国农田制度变迁与展望 [M]. 北京：中国农业出版社，2009.

[19] 何芳济，胡金焱，等. 中国市场经济概论 [M]. 济南：山东大学出版，1994.

[20] 中共中央办公厅法规室，中共中央纪委法规室，中共中央组织部办公厅. 中国共产党党内法规选编：1996—2000 [Z]. 北京：法律出版社，2009.

[21] 钱忠好. 农地承包经营权市场流转：理论与实证分析——基于农户层面的经济分析 [J]. 经济研究，2003 (2)：83-92.

[22] 钱忠好. 农地承包经营权市场流转的困境与乡村干部行为——对乡村干部行为的分析 [J]. 中国农村观察. 2003 (2)：10-13.

[23] 刘克春，林坚. 农地承包经营权市场流转与行政性调整：理论与实证分析——基于农户层面和江西省实证研究 [J]. 数量经济技术经济研究，2005 (11)：99-111.

[24] 徐旭，蒋文华，应凤其. 我国农村土地流转的动因分析 [J]. 管理世界，2002 (9)：144-145.

[25] 陈永志，黄丽萍. 农村土地使用权流转的动力、条件及路径选择

[J]. 经济学家，2007（1）：51-58.

[26] 杨少垒. 土地承包经营权流转的动力机制研究 [J]. 经济与管理研究，2009（6）：100-104.

[27] 吕萍. 土地承包经营权流转：权益的保障与规范 [J]. 中国土地科学，2009（7）：28-31.

[28] A 阿尔钦. 新帕尔格雷夫经济学大辞典 [M]. 陈贷孙，译. 北京：经济科学出版社，1992.

[29] R 科斯. 企业、市场和法律 [M]. 盛洪，陈郁，译. 上海：上海三联书店，2009.

[30] 邓大才. 关于土地承包经营权流转市场的几个重大判断 [J]. 学术研究，2009（9）：92-97.

[31] 靳相木. 中国农地制度研究 [D]. 济南：山东大学，2002.

[32] 罗必良. 现代农业发展理论：逻辑线索与创新路径 [M]. 北京：中国农业出版社，2009.

[33] 李文. 21 世纪之约——中国土地制度的昨天今天和明天 [M]. 延吉：延边大学出版社，1997.

[34] 崔常发，谢适汀. 纪念新中国成立60年学习纲要 [Z]. 北京：国家行政学院出版社，2009.

[35] 段强. 中国国有企业的管制革命 [M] 北京：经济科学出版社，2004.

[36] 盛洪. 现代制度经济学（下）[M]：北京：北京大学出版社，2003.

[37] 李稻葵. 转型经济中的模糊产权理论 [J]. 经济研究，1995（4）：42-50.

[38] 赵红梅，李景霞. 现代西方经济学主要流派 [M]. 北京：中国财政经济出版社，2002.

[39] 何维达，杨仕辉. 现代西方产权理论 [M]. 北京：中国财政经济出版社，1998.

[40] 黄少安. 产权经济学导论 [M]. 济南：山东人民出版社，1995.

[41] 袁庆明. 新制度经济学 [M]. 北京：中国发展出版社，2005.

[42] 潘义勇. 产权经济学 [M]. 广州：暨南大学出版社，2008.

[43] 李贤沛. 李贤沛文选 [M]. 北京：经济科学出版社，2004.

[44] 李全伦. 我国农村土地产权关系变迁：基于两权分离理论的解释 [J]. 宏观经济研究，2009（9）：60-64.

[45] 郑景骥. 中国农村土地使用权流转的理论基础与实践方略研究 [M]. 成都：西南财经大学出版社，2006.

[46] 邵彦敏. 中国农村土地制度研究 [M]. 长春：吉林大学出版社，2008.

[47] 唐河，姚志林. 新土地管理法实务全书 [M]. 北京：西苑出版社，1998.

[48] 白非. 物权法例论 [M]. 北京：法律出版社，2005.

[49] 罗必良. 公共领域、模糊产权与政府的产权模糊化倾向 [J]. 改革，2005 (7)：105-113.

[50] 宋玉昆，吕兆福. 市场理论 [M]. 大连：大连理工大学出版社，1989.

[51] 卢新海，黄善林. 我国耕地保护面临的困境及其对策 [J]. 华中科技大学学报（社会科学版），2010 (3)：79.

[52] 上海财经大学世界经济发展报告课题组. 2008 世界经济发展报告：全球化、区域经济与世界热点问题 [M]. 上海：上海财经大学出版社，2009.

[53] 国家发展与改革委员会价格司. 全国农产品成本收益资料汇编——2009 [Z]. 北京：中国统计出版社，2009.

[54] 丁长发. 农业和农村经济学 [M]. 厦门：厦门大学出版社，2005.

[55] 万宝瑞. 我国粮食安全的几个问题 [J]. 沈阳农业大学学报（社会科学版），2010 (1)：7-10.

[56] 陈佳贵. 中国经济研究报告（2005—2006） [M]. 北京：经济管理出版社，2006.

[57] 王学真，公茂刚. 粮食安全理论分析与对策研究 [M]. 上海：上海财经大学出版社，2009.

[58] 国家统计局. 中国统计摘要——2009 [Z]. 北京：中国统计出版社，2009.

[59] 刘怀廉. 农村剩余劳动力转移新论 [M]. 北京：中国经济出版社，2004.

[60] 国家统计局农村社会经济调查司. 中国农村住户调查年鉴——2008 [Z]. 北京：中国统计出版社，2009.

[61] 姜作培，季建林，等. 中国城乡统筹发展研究 [M]. 南京：南京出版社，2003.

[62] 邓大才. 农村承包地流转市场何以形成——以红旗村、梨园屯村、

湖村、小岗村为例［J］. 中国农村观察，2009（3）：26-35.

［63］石莹，赵昊鲁. 马克思主义土地理论与中国农村土地制度变迁［M］. 北京：经济科学出版社，2007.

［64］毛瑞兆，胡晓明. 我国农村土地承包经营权的缺陷及改造［J］. 经济问题，2006（3）：53.

［65］刘向南，吴群. 农村承包地流转：动力机制与制度安排［J］. 中国土地科学，2010（6）：4-8.

［66］陈永志，黄丽萍. 农村土地使用权流转的动力、条件及路径选择［J］. 经济学家，2007（1）：51-58.

［67］车裕斌. 中国农地流转机制研究［M］. 北京：中国农业出版社，2004.

［68］杨继瑞，杨明洪. 农业增长方式转型研究［M］. 成都：四川大学出版社，2001.

［69］万宝瑞. 发展现代农业是新农村建设的首要任务［J］. 求是，2007（7）：45-47.

［70］马克思. 资本论：第三卷［M］. 北京：人民出版社，1953.

［71］周诚. 土地经济学原理［M］. 北京：商务印书馆，2003.

［72］洪银兴，葛扬. 马克思地租、地价理论研究［J］. 当代经济研究，2005（8）：3-7.

［73］艾建国. 中国城市土地制度经济问题研究［M］. 武汉：华中师范大学出版社，2001.

［74］韩彪. 交通运输发展理论［M］. 大连：大连海事大学出版社，1994.

［75］温铁军. 中国农村基本经济制度研究——“三农”问题的世纪反思［M］. 北京：中国经济出社，2000.

［76］刘书楷. 土地经济学［M］. 北京：地质出版社，2000.

［77］王振中，杨春学. 中国经济学百年经典（下卷）1979—2000［M］. 广州：广东经济出版社，2005.

［78］闫天龙，曹照平. 土地估价指南［M］. 北京：机械工业出版社，2004.

［79］马民书. 风险论［M］. 北京：军事科学出版社，2000.

［80］张家庆. 地租与地价学［M］. 北京：中国国际广播出版社，1991.

［81］杨继瑞. 土地承包经营权市场化流转的思考与对策［J］. 经济社会体制比较，2010（3）：67-76.

[82] 易小燕，陈印军. 农民转入耕地及其“非粮化”种植行为与规模的影响因素分析——基于浙江、河北两省的农户调查数据 [J]. 中国农村观察，2010 (6)：2-11.

[83] 张五常. 佃农理论 [M]. 北京：商务印书馆，2000.

[84] 石汉祥. 商业银行风险研究 [M]. 武汉：华中科技大学出版社，2006.

[85] 王国敏. 中国农业风险保障体系建设研究 [M]. 成都：四川大学出版社，1997.

[86] 杨建利. 完善我国粮食直补政策研究 [D]. 成都：西南财经大学，2010.

[87] 李军. 农业风险管理和政府作用——中美农业保险交流与考察 [M]. 北京：中国金融出版社，2004.

[88] 李长健. 论农民权益的经济法保护：以利益和利益机制为视角 [J]. 中国法学，2005 (3)：120-134.

[89] 石建社. 入世后农业、农村、农民发展探索 [M]. 北京：中国财政经济出版社，2002.

[90] 叶万春. 商品流通经济学 [M]. 武汉：武汉工业大学出版社，1998.

[91] 杨红. 中国农村公共产品特殊论 [M]. 北京：中国税务出版社，2006.

[92] 马克思，恩格斯. 马克思恩格斯全集：第 25 卷 [M]. 北京：人民出版社，1974.

[93] 贯松青，侯水平. 2008 年四川经济形势分析与预测 [M]. 北京：社会科学文献出版，2008.

[94] 吴志攀. 经济法学家 [M]. 北京：北京大学出版社，2009.

[95] 李效顺，曲福田，谭荣. 中国耕地资源变化与保护研究——基于土地督察视角的考察 [J]. 自然资源学报，2009 (3)：387-401.

[96] 谭荣，曲福田. 中国农地非农化与农地资源保护：从两难到双赢 [J]. 管理世界，2006 (12)：50-60.

[97] 贺晓英. 城市扩张中的农地保护机制研究 [D]. 咸阳：西北农林科技大学，2009.

[98] 张宏斌，贾生华. 土地非农化调控机制分析 [J]. 经济研究，2001 (12)：50-54.

[99] 张照新. 中国农村土地流转市场发展及其方式 [J]. 中国农村经济，2002 (2)：19.

附　录

附录1：有关政策文件

[1]《中华人民共和国土地管理法》（中华人民共和国主席令第28号），2004年8月28日。

[2]《中华人民共和国农村土地承包法》（中华人民共和国主席令第73号），2002年8月29日。

[3]《中华人民共和国农村土地承包经营权证管理办法》（农业部令第33号），2003年11月4日。

[4]《农村土地承包经营权流转管理办法》（农业部令第47号），2005年1月19日。

[5] 1983中共中央一号文件《当前农村经济政策的若干问题》（中发〔1983〕1号）。

[6] 1984年中共中央一号文件《关于一九八四年农村工作的通知》（中发〔1984〕1号）。

[7] 1993年中央11号文件《关于当前农业和农村经济发展的若干政策措施》（中发〔1993〕11号）。

[8] 国务院批转农业部《关于稳定和完善土地承包关系的意见》，1995年5月6日。

[9] 2005年中共中央一号文件《关于进一步加强农村工作提高农业综合生产能力若干政策的意见》（中发〔2005〕1号）。

[10] 2006中央一号文件《中共中央国务院关于推进社会主义新农村建设的若干意见》（中发〔2006〕1号）。

[11]《农业部办公厅关于2008年农业机械购置补贴项目申报准备工作的

紧急通知》（农办财〔2008〕26 号）。

［12］《中共中央关于推进农村改革发展若干重大问题的决定》，2008 年 10 月 12 日中国共产党第十七届中央委员会第三次全体会议通过。

附录 2：对农村承包地流转现状的问卷调查

家庭住址：________省（自治区、直辖市）________市（地区、自治州）________县（自治县）________乡（镇、街道办事处）________行政村（居委会）________村民小组。

被调查户主姓名：________，户主年龄：________。

一、对农村家庭基本情况的调查

1. 您家总人口为________人，其中属于劳动力范围（16～60 岁）的有________人；外出务工很少从事承包地生产的有________人；您家从事承包地生产的主要是在什么年龄段________（16～60 周岁，或者 60 周岁以上和 16 岁以下）。

2. 您家去年的年纯收入大约为________元，其中从承包地（自己种、租给别人或种别人的田及其他）获得的纯收入大约为________元（去掉种子、机械、化肥和农药等）。

3. 您家所处的地区属于________（平原、丘陵还是山区），承包地主要是________（耕地、林地、草地）。

4. 您家有承包地________亩，其中种粮（小麦、水稻、大豆、玉米等）________亩，其他经济作物________亩，承包地流转________亩（包括转入和转出）。

5. 您家承包地主要的田间劳作，是用机械（如联合收割机）还是人工劳作或牲畜耕种？（　　）A 机械；B 人力；C 牲畜。

6. 您家户主主要是以从事农业还是非农业工作为主？（　　）

7. 您家户主的文化水平是（小学及以下、初中、高中及以上）？（　　）

8. 您家居住地属于哪种（大城市郊区，县城郊区，集镇，离城镇较远的农村）？（　　）。

二、对农村承包地所有权、承包权和经营权转让认知的调查

1. 您知道农村承包地的所有权属于下列哪个？（　　）A 国家；B 村集体经济组织；C 自己家庭；D 其他。

2. 你们村有村集体经济组织吗？（　　）A 有；B 没有；C 不知道。

3. 您知道当前国家对承包地的使用期限是多少年？（　　）A 30 年；B 50 年；C 长久使用。

4. 您对我国现行的农村承包地政策是否满意？（　　）A 满意；B 不满意；C 无所谓。

5. 国家取消农业税后，对农业进行补贴，您知道是按人口还是按承包地的亩数进行发放？（　　）A 人口；B 承包地的亩数；C 其他。

6. 您认为国家现在对农业补贴的原因是什么？（　　）A 扶持农业；B 增加农民收入；C 种田不划算，鼓励种田；D 其他原因。

7. 您认为现在种田划算吗？（　　）A 划算，可以挣到钱；B 不划算，不够本钱。

8. 您知道农村承包地经营权能进行流转吗？（　　）A 能；B 不能。

9. 您了解我国有《中华人民共和国农村土地承包法》和《农村土地承包经营权流转管理办法》吗？（　　）A 知道；B 不知道。

10. 您听过农村土地承包经营权地流转中的“三个不得”（即不得改变土地集体所有性质，不得改变土地用途，不得损害农民土地承包权益）吗？（　　）A 听说过；B 没有听过。

11. 您办理了当地的农村医疗保险了吗？（　　）A 办理了；B 没有办。

12. 您认为农村没有养老保险制度（即 60 岁以上领养老金），对农村承包地流转有影响吗？（　　）A 有影响；B 没有影响。

13. 你们村现在进行承包地流转的多不？大约占总农户的________%，占总承包地的________%。

14. 如果有流转中介组织，流转的收益不低于您现在自己的经营，您家的承包地愿意流转吗？（　　）A 愿意；B 不愿意。

15. 你们村承包地有没有用于非农用途的？（比如建房、建厂等）（　　）A 有；B 没有。如果有，占你们村总住户约________%。

16. 你们村有毁坏承包地的现象吗？（比如烧砖取土、挖塘等）（　　）A 有；B 没有。

17. 如果有毁坏土地的现象，有人来制止吗？（　　）A 有人制止；B 没有人制止。

18. 你们村有没有承包地撂荒、弃耕现象？（　　）A 有；B 没有。

19. 您认为影响承包地流转的因素有哪些？（　　）（可以多选）A 第二、三产业发展，能够找到一份非农的工作；B 农村有可靠的保障（包括养老保险、医疗保险等)；C 加入合作社，能得到比自己种田更多的收益；D 其他原因；E 受教育程度。

20. 你们当地（行政村、乡镇或县）有承包地流转交易中心吗？（　　）A 有；B 没有。

三、对农村承包地流转现状的调查

1. 您家的承包地流转了吗？（就是把自家的承包地通过转包、出租、互换、转让和股份合作等形式，流转给个人或者从事农业生产的公司，或者是别人家的承包地流转到您家的行为）（　　）A 流转了；B 没有。

2. 你们当地村委会、乡镇政府，对农村承包地流转的态度是积极引导还是不加过问？（　　）A 积极引导；B 不加过问。

3. 你们村集体或者乡镇土地管理部门有没有关于土地流转方面的管理组织？（　　）A 有；B 没有。

4. 你们本地有关于农村承包地流转中介的服务组织吗？（　　）A 没有听说过；B 有。

5. 您认为承包地流转中会产生风险吗？（　　）A 没有风险；B 有风险。

● 如果您家承包地流转了（包括流出和流入），请回答下列问题，没有流转的不需要填。

1. 您家在承包地流转中是承包方（把承包地流转出去）还是受让方（把别家承包地流转过来）？（　　）A 承包方；B 受让方。

2. 您家承包地流转的原因是（　　）A 家里人都到城市务工了，没有时间再种田；B 种田不划算，赚不到钱；C 村里承包地入股进行股份合作了；D 其他原因。

3. 您家种别人家的承包地原因是什么？（　　）（可以多选）A 家里人没有出去务工或者家里有劳力；B 家里有农业机械；C 家里在搞农业规模经营；D 自己亲戚家的承包地帮着种。

4. 您家承包地流转时要到发包方（村集体或者村委会）申请不？（　　）A 需要村委会同意；B 不需要，村干部不问。

5. 您家承包地流转，采取了下列哪种形式？（　　）A 转包；B 出租；C 互换；D 转让；E 股份合作；F 其他。

6. 您家承包地流转的对象（受让方）主要是（　　）A 本村自家亲戚；B 本村普通村民；C 外村亲戚；D 外村普通村民；E 农业生产合作社；F 其他农业生产组织。

7. 您家承包地是全部流转（现在家里不需要种承包地了），还是部分流转（只把一部分承包地流转出去）？（　　）A 全部流转；B 部分流转。

8. 对于完全流转出去的，您希望改变自己的农民身份吗？（　　）A 希望；B 不希望；C 不知道。

9. 您家承包地流转签订合同没有？（　　）A 签订合同；B 没有签订合同。

10. 您家承包地流转中，所签订的承包合同需要到本乡镇土地管理部门备案吗？（如果没有订立合同不需要填写）（　　）A 需要；B 不需要。

11. 您家对承包地流转后承包地的使用用途关心不？（　　）A 关心；B 不关心。

12. 您家承包地流转后，承包地的租金或转让费（就是一亩地给多少钱）是怎么算的？（　　）A 根据一年的收成估计的；B 免费给别人种的；C 适当给点粮食；D 一次给清所有转让期的租金；E 其他方法。

13. 您家承包地流转一般是多少年？（　　）A 1 年；B 1~5 年；C 5~10 年；D 10 年以上；E 没有考虑流转期限；F 其他。

14. 您家承包地在流转时，一般租金是给什么？（　　）A 现金；B 粮食；C 其他。

15. 您家承包地在流转时，对于租金确定，一般进行讨价还价不？（　　）A 进行讨价还价；B 不进行讨价还价。

16. 您家承包地流转，是自愿的还是政府强制进行的？（　　）A 自愿；B 政府强制。

17. 您家承包地在流转中，有没有发生不给租金的现象？（　　）A 没有；B 发生过。

18. 如果发生了不给租金或转让费的现象，原因是什么？（没有发生的不需要填）（　　）A 自然灾害，没有收成；B 有意不给；C 受让方经营亏本；D 其他原因。

19. 如果发生了不给租金或转让费的现象，您准备如何处理？（　　）A 通过村委会来解决；B 通过乡镇土地管理所来解决；C 自己私下解决；D 通过其他途径来解决。

20. 您家承包地如果在流转中发生了纠纷，一般如何解决？（　　）A 自己解决；B 找村委会解决；C 找乡镇土地管理所解决。

21. 您家承包地流转后，政府发的农业补贴，是归承包方所有还是受让方所有？（　　）。A 仍归承包方所有；B 归受让方所有。

22. 承包地流转后，您对承包地的地力保持（即土地肥力被损坏不?）（　　）。A 关心；B 不关心。

23. 您家流转后的承包地是从事农业生产还是非农生产？（　　）A 农业；B 非农业。

24. 您家流转后的承包地是粮食、非粮种植还是改变了农业使用的性质？（　　）A 种粮；B 种植经济作物（如蔬菜、果树或者其他经济作物等）；C 承包地不再属于农业用地。

● 如果您家承包地没有流转（包括流出和流入），请回答下列问题，流转的不需要填。

1. 您家承包地没有流转的原因是什么？（可以多选）（　　）A 外出务工的少，有人种田；B 别人给的价格太低了；C 耕种承包地去掉种子、化肥、农药等比较划算；D 自己承包地种出来的粮食，吃着比较安全放心；E 其他原因。

2. 您家承包地如果给合适的转让费，愿意流转吗？（　　）A 愿意；B 不愿意。

3. 如果您家主要成员在城镇有稳定的工作收入（包括务工或者自谋职业），你们愿意把承包地流转出去吗？（　　）A 愿意；B 不愿意。

●您对当前我国农村承包地流转有何建议？